Luftschlösser ade, willkommen in Ihrer Traumgegenwart! –
Lernen Sie in 3 Stunden den Unterschied kennen zwischen
positivem Denken und realer Wunscherfüllung

Markus Keßler

Luftschlösser ade, willkommen in Ihrer Traumgegenwart!

Lernen Sie in 3 Stunden den Unterschied kennen zwischen positivem Denken und realer Wunscherfüllung

löwen-stern verlag

Bibliografische Information der Deutschen Nationalbibliothek
Die Deutsche Nationalbibliothek verzeichnet diese Publikation in der Deutschen Nationalbibliografie; detaillierte bibliografische Daten sind im Internet über http://dnb.d-nb.de abrufbar.

ISBN 978-3-945542-29-3 (Print)
E-ISBN 978-3-945542-27-9 (EPUB)

Druck und Bindung: BoD – Books on Demand, Norderstedt

Verlag, Redaktion, Design & Layout:
Renate Wettach, LöwenStern Verlag,
Weckerlinstr. 4, 65929 Frankfurt am Main
Telefon: +49 152 34332590
E-Mail: geschaeftsfuehrung@loewenstern-verlag.de
Umsatzsteuer-Identifikationsnummer gemäß
§27a Umsatzsteuergesetz: DE291558368

www.loewenstern-verlag.de

Inhaltsverzeichnis

Vorwort

Träumen Sie nicht von Ihrem Luftschloss, denn Sie wissen schon im Vorfeld, dass es Fantasie bleibt.

Mit diesem Buch lernen Sie, wie Ihre Träume wahr werden.

Erwarten Sie keine Wunder, sondern echte Techniken und Übungen, die Sie wirklich zum Ziel bringen.

Markus Keßler
Januar 2019

Das Glück

Warum sind einige Menschen glücklich und andere nicht?
Wo liegt der Unterschied?

Sie selbst sind für Ihr Glück verantwortlich, sonst niemand, nur Sie selbst. Denken Sie an das Sprichwort: „Jeder ist seines Glückes Schmied!“

Was denken Sie über die alten Sprüche, die Bauernregeln, die Wetterregeln?
Aber woher kommt das?
Ich sage, in jedem dieser Sprüche steckt ein Funken Wahrheit, den es richtig zu deuten und richtig anzuwenden gilt.

Dieses Buch wird Ihnen zeigen, wie sich Ihr Leben und Ihr Glück verändern werden, wenn Sie mit dem Buch arbeiten.
Deshalb will ich, dass Sie dieses Buch benutzen!

Markieren Sie, unterstreichen sie, kopieren Sie Seiten heraus und pinnen Sie diese an ihre Pinnwand oder an den Kühlschrank, damit Sie das, was Ihnen wichtig ist, immer in Ihrem Blickfeld haben.

Denn erst, wenn Sie das Buch benutzen, werden Sie es verstehen und Erfolge verzeichnen.

Sie sind Ihres Glücks Schmied, vergessen Sie das niemals.

Der Mensch ist, was er denkt

Stellen Sie sich vor, Sie sind Abteilungsleiter in einer Firma und haben das Gefühl, einer Ihrer Mitarbeiter möchte Ihre Abteilung verlassen. Er macht Ihnen gegenüber aber keine Andeutungen, dass er unzufrieden ist. In den folgenden Wochen denken Sie jedoch täglich daran, dass mit diesem Mitarbeiter etwas nicht stimmt. Sie denken schon daran, wie er kündigt und die Abteilung verlässt.

Als es dann passiert, sagen Sie zu sich selbst: ich hab's doch gewusst.

Als Eltern wollen Sie Ihr Kind beschützen, z.B. die erste Liebe ihres Kindes. Sie unterstützen Ihr Kind, bis sie denken, Anzeichen von Misstrauen in dieser ersten Beziehung zu erkennen.

Ab diesem Zeitpunkt denken Sie nur noch daran, was falsch laufen könnte und erwarten das Unvermeidliche, dass diese erste Beziehung in die Brüche geht.

Sie haben es kommen sehen!

Sie sind Torwart vor dem Heimspiel Ihrer Mannschaft, auf das Sie das ganze Jahr hin fiebern. Ausgerechnet die Mannschaft, deren Torjäger den Ruf als unerbittlicher Torschütze hat, ist Ihr Gegner. In der ganzen Vorbereitungsphase beschäftigen Sie sich mit der Angst und der Vorstellung, wie Sie den Schuss dieses Torschützen verfehlen und Ihre Mannschaft somit das Spiel verliert.

Der Ball war unhaltbar!

Sie haben gerade die Beziehung mit Ihrem Lebenspartner beendet und denken im Nachgang nur an die schlechten Zeiten, reden mit Ihren Umfeld nur über das, was schlecht war, was Sie nicht mehr haben wollen.

Aber es werden weiterhin Menschen in Ihr Leben treten, die genau das ausstrahlen, was Sie eigentlich ablehnen.

Das musste ja so kommen!

Aber ist das wirklich so? Oder ist das nur die Folge von Verkettungen und Gedanken in unserem Gehirn, die keine andere Möglichkeit zulassen?

Wie stellt sich die Situation dar, wenn wir sie umkehren würden?

Was wäre, wenn Sie als Abteilungsleiter Ihre Gedanken auf den Erhalt Ihres Mitarbeiters richten würden?

Was wäre, wenn Sie sich als Eltern auf eine schöne liebevolle Zeit Ihres Kindes mit seinem Partner konzentrieren würden?

Was wäre, wenn Sie sich als Torwart vorstellen, wie Sie den Ball des berüchtigten Torschützen halten und so das Spiel gewinnen?

Was wäre, wenn Sie ihre Gedanken darauf konzentrieren, was Sie in der nächsten Beziehung erreichen möchten, und dann die Person in Ihr Leben tritt, die Sie sich wünschen?

Alle diese Gedanken würden Realität werden, da Sie Ihre Gedanken dorthin lenken, wo Ihre Sehnsüchte, Ihre Erwartungen sind.

Aber die meisten Menschen konzentrieren sich auf Dinge, die sie nicht wollen, und ziehen diese somit unbewusst in ihr Leben.

Machen Sie eine Lesepause und denken Sie bitte über diesen Satz nach.

Denken sie vielleicht auch so:
Das Wetter ist schlecht!
Die Arbeit ist mies!
Das Essen ist miserabel!

Es spiegelt sich in Ihren Aussagen: „...das, was Sie nicht wollen...“. Aber Sie werden das bekommen, was Sie aussprechen.

Also versuchen Sie als Erstes, Ihre Formulierungen so zu gestalten, dass positive Sätze entstehen, die das widerspiegeln, was Sie wollen.

Seien sie nicht gegen etwas, sondern für etwas ... nicht gegen Krieg, sondern für Frieden.

Konzentrieren Sie sich auf das, was Sie wollen, legen Sie ihre Aufmerksamkeit auf das, was Sie erleben möchten. Es ist genug Wohlstand für alle da, Sie bekommen das, was Sie wollen.

Konzentrieren Sie sich auf etwas anderes:
!!! AUF DINGE, DIE SIE WOLLEN !!!

Denken Sie an Ihre Partnerschaft, wie denken Sie über Ihren Partner? Sehen Sie noch die positiven Dinge, weshalb Sie mit ihm zusammen sind, fühlen Sie sich noch geborgen?

Suchen Sie die guten Eigenschaften.

Ihre Gedanken werden auch Ihre Handlungen beeinflussen.

Denken Sie nur an Dinge, die SIE wollen, dann werden Sie diese auch bekommen.

SIE sind, was SIE denken!

Alles besteht aus Energie

Haben Sie sich jemals unter einem Mikroskop Blut angesehen? Oder haben Sie sich im Fernsehen Reportagen über Blut angesehen? Blut ist eine wabbelnde vibrierende Masse. Blutbestandteile bewegen sich.

Blut ist Energie.
Energie umgibt uns.
Wir sind Energie, denn wir bestehen aus diesen Energiebündeln, die in unserem Blut sind.

Alles besteht aus Energie, das wird Ihnen jeder Physiker bestätigen. Das ist die Energie, die auch in Ihnen steckt. Sie sind diese Energie.

Und nun aktivieren Sie diese Energie.

Denn diese Energie ist immer da, etwas ist immer da, es hat nur immer andere Namen.

Legen Sie Ihren Lebensinhalt nicht auf die Vergangenheit, wie viele Menschen leben in der Vergangenheit (früher war alles besser ...), legen Sie Ihren Lebensinhalt auf die Zukunft, was wollen Sie erreichen, wie wollen Sie leben. Diese Energie können Sie auch als Ausstrahlung, Charisma, Sympathie bezeichnen.

Aber sie ist immer da.

Auch im späteren Kapitel der Fragetechnik, der Schlagfertigkeit, Ihrer Ängste und der Körpersprache spielt diese Energie immer eine Rolle, da sie immer direkt mit Ihrem Handeln verbunden ist.

Ihre Zukunft besitzt ein unbegrenztes Potenzial und Sie bestimmen den Wendepunkt ihres Lebens: JETZT.

Nutzen Sie Ihre Energie, Ihr Charisma, Ihr positives Lebensgefühl.

Machen Sie es und beginnen Sie es jetzt. Beginnen Sie in diesem Moment damit, Ihr Leben so zu gestalten, wie SIE sich Ihr Leben vorstellen.

Dazu ist es wichtig, dass Sie ihre Gedanken schriftlich fixieren. Schreiben Sie eine Bedienungsanleitung für Ihre Zukunft, für Ihr neues Leben. Seien sie kreativ und schreiben Sie Ihr eigenes Drehbuch. Schreiben Sie es so, wie Sie sich Ihr Leben vorstellen, und nicht, was Sie in der Vergangenheit hätten anders machen sollen, damit sie heute woanders wären. Nein, sondern schreiben Sie, was Sie ab jetzt anders machen, um glücklich zu sein. Wenn Ihnen etwas keinen Spaß macht, dann lassen Sie es und tun Sie etwas anderes, das Ihnen Spaß bereitet.

Haben Sie sich schon einmal gefragt, was einige Menschen anders machen als andere? Vielleicht denken Sie sich nichts dabei und denken nur, wieso gelingt es diesen Menschen immer, erfolgreich zu sein. Warum sind sie glücklich und ich nicht?

Diese Menschen haben ihr eigenes Drehbuch geschrieben und wenden es wie eine Bedienungsanleitung auf ihr Leben an.

Also mein Tipp: Leben auch Sie nach Ihrem Plan, den Sie für Ihr Leben geschrieben haben!

Das gute Gefühl

Das gute Gefühl zieht andere gute Gefühle an.

Sie haben das Recht, glücklich zu sein, und das sollten Sie sich von niemand nehmen lassen.

Ihre Bestimmung? Ihre Bestimmung ist das, was Sie für Ihre Bestimmung halten. Schauen Sie mal nach oben in den Himmel und dann auf Ihre Füße. Was ist der Unterschied?

Welcher Typ Mensch sind Sie? Laufen Sie eher mit dem Kopf nach unten durch die Gegend, oder tragen Sie die Nase etwas zu hoch?

Grenzen oder grenzenlos

Mit engem Blickwinkel sind Sie eingeschränkt und verängstigt. Sie signalisieren, ich will nichts von meinem Leben sehen. Oder möchten Sie eher der Mensch sein, der sich dem Leben öffnet?

Versuchen Sie dazu folgendes Beispiel umzusetzen:

Schauen Sie nach unten auf Ihre Füße und versuchen Sie, in dieser Position Ihr Umfeld zu definieren. Wie groß ist Ihre Sichtweite in dieser Position?

Dazu können wir ein mathematisches Beispiel zum Vergleich heranziehen.

Sie stehen aufrecht, Füße zusammen, den Kopf nach vorne geneigt. Nun haben Sie je nach Körpergröße eine Entfernung bis zu Ihren Zehenspitzen bzw. dem Boden, auf dem Ihre Füße stehen.

Ihr normaler Blickwinkel beträgt im Normalfall 150°, aber plus minus 10° sind normal. Das heißt, ein Blickwinkel von 160° ist das normale Höchstmaß.

Das Gesichtsfeld umfasst nur 1,5° bei absolut scharfem Sehen. Es wird aber beinahe genauso groß wie der normale Blickwinkel, doch man nimmt am Rand lediglich Bewegungen wahr.

Also wenn Sie von der Nase eine Linie bis zu Ihren Füßen ziehen, und Sie haben einen Blickwinkel von 1,5°, bleibt als gerade Linie von Ihren Füßen nach außen eine Strecke von je 0,40 m zur Seite.

Das ist der eingeschränkte Blickwinkel eines Menschen, der den Kopf hängen lässt.

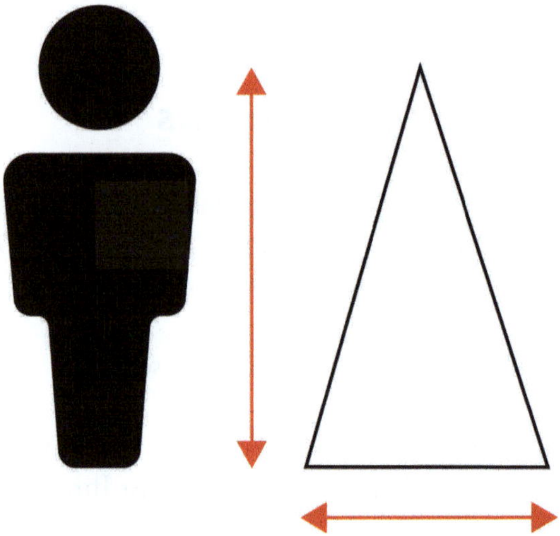

Im Gegensatz dazu schauen Sie nun nach oben! Wie stellt sich nun Ihre Sichtweise dar?

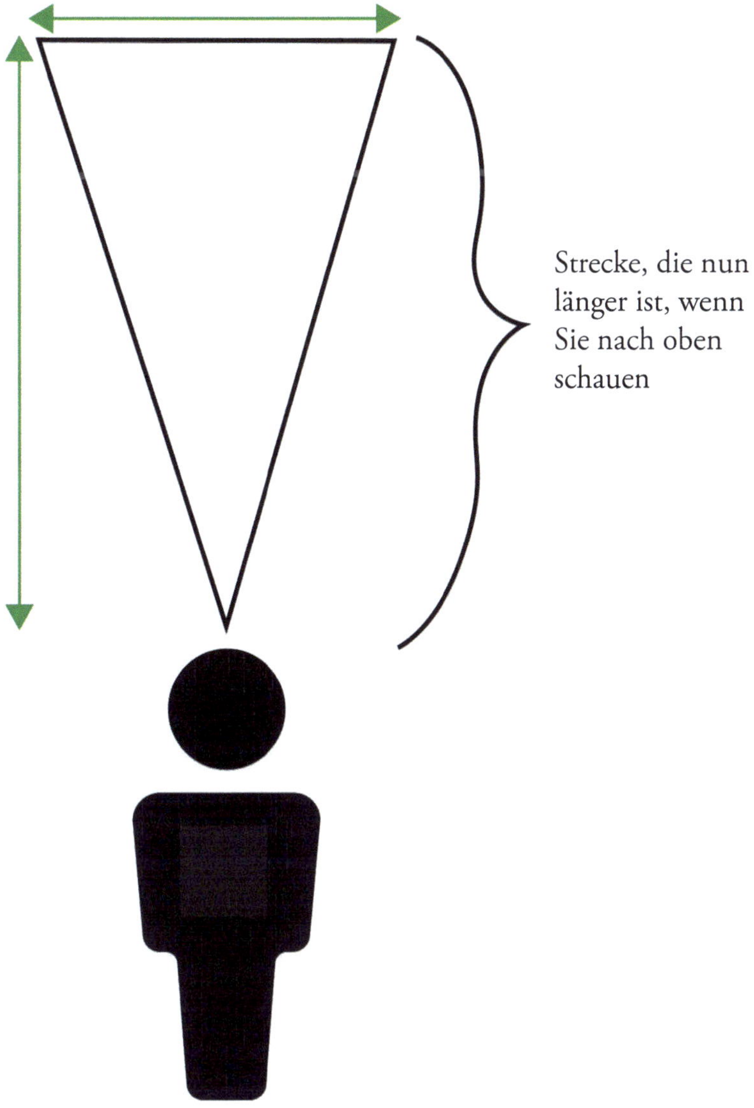

Die Strecke von der Nase zum Boden existiert nun nicht mehr. Stattdessen können Sie ein Flugzeug oder eine Wolke am Himmel fixieren.

Bei einem Blickwinkel von 1,5° und einer Strecke, die nun länger ist als die Strecke von der Nase bis zum Boden, vergrößert sich nun auch die Strecke, die sich vom fixierten Punkt in alle Richtungen ausdehnt.

Bestimmt haben Sie gemerkt, dass der Blick nach unten ihren Aktionsradius erheblich einschränkt.

Schauen Sie stattdessen nach oben, steht Ihnen eine ganz andere, viel größere und facettenreichere Welt offen.

Beantworten Sie nun die Frage: Was fühlt sich besser an, der begrenzte Blickwinkel oder der grenzenlose Ausblick?

Ein schönes Panorama hat bis jetzt noch jeden Menschen beeindruckt, ich habe aber noch niemanden kennengelernt, der vom Ausblick auf seine Schuhe begeistert war.

Urteilen Sie bitte selbst:
Bevorzugen Sie die „rote“ oder die „grüne“ Sichtweise?

Gespräche

Wie wir uns nach außen darstellen, funktioniert nur durch zwei Dinge: verbale und nonverbale Kommunikation. Deshalb ist es für Sie wichtig zu wissen, wie Sie sich selbst präsentieren. Lernen Sie, durch Kommunikation Ihr Leben in die eigene Hand zu nehmen.

Lernen Sie, Ihre Ziele zu definieren, zu verfolgen und zu erreichen.

Lernen Sie Ihre Gesprächspartner besser kennen, damit Sie diese überzeugen können.

Gehen Sie mit offenen Augen und mit offenem Geist durch Ihr Leben.

Und das Allerwichtigste: Visualisieren Sie Ihre Ziele, lassen Sie den Film, dessen Drehbuch Sie geschrieben haben, vor Ihrem geistigen Auge ablaufen, sehen Sie ihn, fühlen Sie ihn, fühlen Sie sich wie im Film, es ist Ihr Drehbuch, das Sie spüren sollen, fühlen Sie, wie es sich anfühlt, erfolgreich zu sein.

Seien Sie erfolgreich!

Denken Sie nun an Vorstellungsgespräche, oder wenn Sie selbst schon Vorstellungsgespräche geführt haben, egal auf welcher Seite Sie sitzen, Sie merken irgendwann, ob Sie ein gutes oder ein schlechtes Gefühl haben. Aber womit hängt das zusammen? Stellen Sie sich nun vor, Sie sind Geschäftsführer und Inhaber der XYZ GmbH und Sie führen ein Vorstellungsgespräch auf eine Zeitungsannonce der XY Zeitung. Ihre beiden Bewerber kommen nacheinander zu Ihnen in Ihr Büro:

Bewerber 1:

Kommt mit leerem Gesichtsausdruck, ohne zu lächeln, ohne Gestik in das Besprechungszimmer.

Tag... Ich komme wegen dem Vorstellungsgespräch.

Was soll ich machen?

Was bezahlen Sie?

Wie viel Urlaub?

Überstunden mache ich keine!

Samstags arbeite ich nur höchstens einmal im Monat.

Bewerber2:

Kommt mit einem offenen Lächeln durch die Tür und streckt die Hand zum Händedruck entgegen.

Guten Tag Herr XYZ, mein Name ist Markus Keßler. Ich habe in der XY Zeitung Ihre Anzeige gelesen und der Inhalt hat mich angesprochen. Daraufhin habe ich mir im Internet Ihre Unternehmensinhalte angesehen und könnte mir vorstellen, diese Aufgaben in Ihrem Unternehmen zu übernehmen. Was sind die konkreten Aufgaben dieser Position?

Wen würden Sie einstellen?

Was ich mit diesem Beispiel zeigen möchte, ist dass in allen Lebensbereichen eine gute Vorbereitung, Ihr Drehbuch, Sie zum Erfolg führen wird. Machen Sie sich Gedanken über Ihre Ziele. Setzen Sie sich Teilziele!

Fragen Sie sich:

Was will ich in diesem Gespräch erreichen?

Was will ich an diesem Tag erreichen?

Was will ich nächsten Monat erreichen?

Was will ich im nächsten Halbjahr erreichen?

Initiativ-Bewerbung

In diesem Zusammenhang ist es an der Zeit, Ihnen die Initiativ-Bewerbung vorzustellen, Initiativ bedeutet, aus eigenem Antrieb etwas tun. Wenn ich Bewerbung sage, meine ich nicht nur die klassische Bewerbung bei einem Arbeitgeber, Initiativ-Bewerbung heißt auch im privaten Umfeld, sich immer auf's Neue zu bewerben.

Im Wort steckt auch das Teilwort „werben“, Sie werben um jemandes Gunst, Sie bewerben Ihre eigene Persönlichkeit, Sie machen Werbung für sich selbst, für Ihre Qualifikationen, für sich selbst, für Ihre eigene Persönlichkeit.

Ich werde Ihnen im weiteren Verlauf des Buches die Techniken zeigen, die Sie für erfolgreiche Gespräche, auch für Bewerbungen, benötigen.

Auch hier ist eine gute Vorbereitung unerlässlich.

Sie bereiten sich vor, wenn Sie zu Hause kochen wollen, Sie bereiten sich im Geschäftsleben auf ein Gespräch vor, Sie bereiten sich vor, wenn Sie mit Ihren Kindern Konflikte lösen müssen. Aber sie bereiten sich nicht vor, wenn es darum geht, Ihr eigenes Leben zu leben!

Lernen Sie, sich vorzubereiten!

Vergessen Sie das niemals mehr. Ich will, dass Sie ab jetzt nie mehr unvorbereitet in ein Gespräch gehen und überrumpelt werden.

Lernen Sie Schlagfertigkeit und stärken Sie dadurch Ihre Persönlichkeit, dann wird Sie niemand mehr übergehen oder überrumpeln.

Die Initiativ Bewerbung ist eine Bewerbung an Arbeitgeber oder eine Aktion im privaten Umfeld, ohne konkrete Stellenausschreibung, ohne konkrete Handlungsnot, und dient Ihnen dazu, Ihren Marktwert zu erkennen und die Resonanz auf Ihre Person festzustellen.

Was Sie ausstrahlen, wird zurückgesendet. Was Sie ausstrahlen, werden andere Menschen in Ihnen erkennen.

Dadurch erreichen Sie Ihre Ziele, indem Sie einen besseren Job finden, der Ihnen mehr Spaß macht, oder indem Sie ein höheres Gehalt erzielen, welches Ihren finanziellen Spielraum erhöht.

Oder Sie werden ein neuer Mensch, weil Sie plötzlich Dinge ausstrahlen, die bis jetzt keiner an Ihnen vermutet hat.

Bei Initiativ Bewerbungen können Sie auf diese Art, bei Zustandekommen von persönlichen Gesprächen, auch Ihre in diesem Buch erlernten Gesprächstechniken umsetzen, um sich ständig weiterzuentwickeln und Ihrem Ziel näher zu kommen.

Lernen Sie die Selbstmotivation, morgens aufzustehen, sich selbst zu motivieren, setzen Sie sich Tagesziele, die Sie erreichen wollen.

Kennen Sie diese Menschen, für die der Himmel noch so blau sein kann, dass Grün der Bäume noch so grün sein kann, die Blüten der Blumen die schönsten Farben haben und trotzdem ist am Horizont eine kleine Wolke, die es schafft, den ganzen Tag dieser Menschen zu verderben?

Auch Sie kennen das! Aber nun haben Sie die Möglichkeit, das Blau am Himmel, das Grün der Bäume, die Blüten der Blumen zu genießen und zu sich selbst zu sagen: Heute ist der beste Tag meines Lebens.

Denn wenn Sie immer nur tun, was Sie immer getan haben, werden Sie auch immer nur das bekommen, was Sie immer bekommen haben.

Lassen Sie das Grün der Bäume grüner sein, lassen Sie das Blau des Himmels blauer sein.

Sie sind der Schlüssel, der Ihnen nun alle Türen öffnet, die Ihnen bisher verschlossen waren. Sie müssen nicht alles verstehen, um es anwenden zu können, Sie müssen nur das richtige Rezept anwenden. Benutzen Sie das Rezept erfolgreicher Menschen.

Was brauchen Sie, um Ihren Lieblingskuchen von Ihrem Bäcker zu backen? Richtig: das Rezept.

Mit Hilfe des Rezepts, sind Sie in der Lage, Ihren Lieblingskuchen genauso zu backen wie der Bäcker, der für die richtige Zusammenstellung viel experimentieren musste.

Aber Sie haben das richtige Rezept. Sie müssen es nur noch anwenden!

Und nun modellieren Sie Menschen, die erfolgreich sind. Tun Sie das, was erfolgreiche Menschen tun. Spiegeln Sie ihren Ausdruck im Gesicht, spiegeln Sie die Bewegungsart, spiegeln Sie die Gestik und übertragen Sie das in Ihr Leben, auf Ihre Gestik, Ihre Bewegungsart, zeigen Sie sich selbst erfolgreich.

Erfolg ist harte Arbeit!

Wenn Sie es schaffen wollen, dann werden Sie es auch schaffen!

Wenn Sie der Überzeugung sind, dass Arbeit für Sie nur Quälerei ist und dazu dient, das Gehalt am Ende des Monats dafür zu bekommen, dann wird Ihre Arbeit auch nie etwas anderes für Sie sein.

Aber Sie haben die Möglichkeit, das zu ändern. Lernen Sie, bei Ihrer Arbeit Spaß zu haben. Lernen Sie, das zu tun, was Sie tun möchten. Verändern Sie Ihre Einstellung oder tun Sie das, was Sie tun wollen, dann wird Ihnen die Arbeit, oder das, was Sie tun, auch Spaß machen.

Die Basis des Erfolgs liegt in Ihnen. Ändern Sie Ihre Gedanken. Sehen Sie nicht den Feind in Ihrem Vorgesetzten! Sehen Sie ihn als Kollegen, der mit Ihnen gemeinsam an einem gemeinsamen Ziel arbeitet! Seien Sie nicht destruktiv, seien Sie kooperativ, öffnen Sie sich, und Andere werden sich Ihnen öffnen.

Tun Sie, was erfolgreiche Menschen tun

Henry Ford hat einmal gesagt, dass man nicht nach Fehlern, sondern nach Lösungen suchen sollte. Dies zeigt den Ansatz positiven Denkens, mäkeln Sie nicht an sich oder an Ihrem Partner oder Ihrem Umfeld herum, sondern nehmen Sie sich Zeit, auch mal das Gute, das Schöne, das Bessere zu sehen. Programmieren Sie sich um. Haben Sie schon vergessen? Sie sind in der Lage, das zu tun.

Sie sind der Regisseur!
Sie bestimmen den Kamerawinkel!
Sie bestimmen die Lautstärke!
Sie bestimmen die Farbe!
Sie bestimmen, welche Rolle Sie selbst spielen!

Professionelle Regisseure nutzen die gleichen Mittel, um jeden gewollten Zustand bei Zuschauern auszulösen.

Denken Sie an einen alten Horrorfilm in schwarz/weiß, hören Sie die spannungsaufbauende gruselige Musik. Sie sind allein zu Hause. Der Wind schlägt ans Fenster, und schon haben Sie ein ungutes Gefühl. Diese Emotionen, die diese Szene bei Ihnen ausgelöst hat, können auch andere Szenen in Ihrem Kopf auslösen.

Denken Sie nun an einen weißen Strand, visualisieren Sie den blauen Himmel, hören Sie das Meeresrauschen und schmecken Sie das Salz auf der Zunge. Lassen Sie nun die Farben intensiver werden, lassen Sie das Blau des Himmels blauer werden, Lassen Sie den Strand weißer werden und lassen Sie das Salz salziger schmecken.

Denken Sie nun an die negative Situation im Beispiel des alten Horrorfilms. Machen Sie das schlechte Bild in Ihrem Kopf dunkel und verschwommen, drehen Sie wie bei einem Fernsehgerät die Farbe weg und lassen Sie es weit weg gleiten, bis es zu einem kleinen Punkt in der Ferne wird. Nun ist es klein und bedeutungslos für Sie, lassen

Sie es so klein werden, dass es nun ganz verschwindet. Sie sehen es nicht mehr.

Bedenken Sie, es sind Ihre Gedanken, die es Ihnen erlauben, mit den Bildern in Ihrem Kopf anzustellen, was Sie wollen. Wenn Sie zum Beispiel vor einer Person Angst haben, dann verpassen Sie dieser Person doch mal Hasenohren und einen Ringelschwanz! Schon wird diese Person für Sie weniger angsteinflößend sein als vorher. Wenn Sie das auf Anhieb nicht können, sollten Sie das üben! Lernen Sie kreativ zu denken. Als Kind konnten Sie das auch, in Gedanken ganze Welten zu erschaffen, Sie konnten fliegen und Riesen bekämpfen! Lassen Sie Ihr Gehirn Kind sein.

Es sind Ihre Bilder im Kopf! Seien Sie kreativ!

Und nun holen Sie die positiven Bilder vom Strand in Ihren Kopf und verstärken Sie nochmal diese Eindrücke, lieben Sie den blauen Himmel, hören Sie das Meeresrauschen intensiv und schmecken Sie das Salz auf der Zunge. Wiederholen Sie diese Eindrücke und gestalten Sie das Bild so intensiv, wie Sie möchten. In wenigen Minuten verliert das negative Bild an Macht und das positive Bild steht Ihnen vor Augen.

William Shakespeare: Es gibt nichts Gutes oder Böses, erst unsere Gedanken machen es dazu!

Ihre Erlebnisse haben immer verschiedene Intensitätsgrade, aber es ist immer Ihr Erlebnis und Sie bestimmen, wie es auf Sie zu wirken hat.

Jetzt schieben Sie Ihre Probleme weg, machen Sie diese Probleme klein, unscharf, dunkel und lassen Sie diese aus ihrem Blickwinkel verschwinden, schieben Sie es weit weg von sich …

Und holen Sie sich eines Ihrer positiven Erlebnisse ganz nach vorne, drehen Sie die Lautstärke auf, machen Sie Farben und Geräusche dazu, bis Sie sich in Ihren Gedanken, in Ihrem Bild wohlfühlen. Denken Sie immer daran: Sie sind der Regisseur und Sie bestimmen, wo es langgeht. Ihre Gedanken erlauben Ihnen, alles durchzuspielen, was Sie möchten.

Alle Menschen haben die gleichen anatomischen Voraussetzungen. Also haben sie auch alle die gleichen Ressourcen zur Verfügung.

Es ist die Strategie, wie wir diese Ressourcen nutzen.

Wichtig sind unsere Kommunikationsmuster.
Was wird die Folge sein?
Wie bringt mich das weiter?
Ist es das, was ich will?
Wohlstand entsteht im Kopf!

Ändern Sie Ihre Einstellung.
Stellen Sie sich vor, was Sie sein werden!
Stellen Sie sich vor, wer Sie sein werden!
Lassen Sie Ihren Träumen freien Lauf!

Die Selbstpräsentation

Tun Sie, was erfolgreiche Menschen tun, habe ich im vorherigen Kapitel beschrieben. Damit Sie auch wirklich so sein können, müssen Sie auch an Ihrer Präsentation üben. Sie werden erfolgreich sein, wenn sie daran üben.

Es ist wie das Gesetz der Serie, wenn Sie etwas oft tun, werden Sie es beherrschen.

Kein Manager geht in ein Meeting und referiert und präsentiert wichtige Themen ohne Vorbereitung.

Kein Sportler bestreitet einen Wettkampf ohne Vorbereitung.

Zu einer guten Präsentation gehört auch eine gute Vorbereitung. Also bereiten sie sich auf IHRE Präsentation vor. Sie werden sich jetzt fragen, was Ihr Thema sein wird?

Sie selbst sind das Thema, und darauf bereiten Sie sich jetzt vor. Die Selbstpräsentation ist Ihr Fundament für Ihre Ausstrahlung.

Bedenken Sie, es nutzt Ihnen nichts, wenn Sie wissen, was Sie können und wer Sie sind und was Sie erreichen wollen, wenn es kein Anderer weiß.

Deshalb müssen Sie das, was Sie können, das wer Sie sind, auch verkörpern, Sie müssen es präsentieren.

Sie müssen SICH präsentieren.

Bedenken Sie, auch wenn Sie sich bewerben: nicht derjenige mit dem besten Wissen wird eingestellt, sondern der, der sein Wissen am besten darstellen kann.

Trainieren Sie vor dem Spiegel, bis Sie sich selbst überzeugend darstellen können.

Machen Sie sich Notizen, schreiben Sie Ihr Drehbuch, ergänzen sie es bei jedem Üben vor dem Spiegel. Bis Ihnen Ihr eigenes Drehbuch gefällt, bis Sie sich so präsentieren können, wie Sie sich selbst gefallen.

Wie fangen Sie aber eine Selbstpräsentation an?
Denken Sie an die anderen Kapitel im Buch.
Ich habe geschrieben, dass Sie mit diesem Buch arbeiten sollen.
Haben Sie sich im Kapitel Drehbuch Ihre Notizen gemacht?
Diese werden Sie nun brauchen.

Wenn Sie bis jetzt noch keine Notizen zu Ihren persönlichen Drehbuch gemacht haben, gehen Sie zurück zu Kapitel „Tun Sie, was erfolgreiche Menschen tun" und fangen Sie an, Ihr Drehbuch zu schreiben. Ihr Drehbuch wird nämlich die Basis Ihrer Selbstpräsentation sein.

Wenn Sie Ihr Drehbuch (Stichworte reichen aus) nun bei sich haben, beginnen Sie, wie Sie sich selbst sehen.

Diese Praxisübung ist deshalb so wichtig, damit Sie lernen, was Sie verändern müssen, damit Sie anders wirken.

Diese Kapitel nur zu lesen, wird Ihnen nicht den gewünschten Erfolg bringen, da reines Lesen das Wissen, was ich vermitteln möchte, nicht vertiefen kann. Wenn Sie aber das Geschriebene selbst anwenden, wird dieses Wissen tief in Ihnen verankert und Sie werden jederzeit darauf zurückgreifen können.

Und wichtig dabei: notieren Sie sich die Momentaufnahme. Und dann vergleichen Sie diese Wort für Wort mit Ihrem Drehbuch.

Erfolg beginnt im Kopf. Seien Sie in Gedanken so, wie Sie sein wollen.

Machen Sie sich zu dem, was Sie sein wollen.

Lassen Sie sich Zeit mit dieser Übung. Je intensiver Sie die Übung machen, desto eher finden Sie sich in Ihrer Selbstpräsentation dort, wo Sie hin wollen.

Bei jedem Punkt schauen Sie in den Spiegel: Wer sind Sie jetzt, wie stehe ich vor dem Spiegel, wie wirke ich?

Und nun verändern Sie ein Merkmal nach dem anderen, bis Sie im Spiegel die Person sind, die Sie auch sein wollen.

Wenn Sie diese Person im Spiegel sehen, werden auch die anderen Menschen Sie so sehen, weil Sie sich selbst so sehen und dies auch ausstrahlen.

Und versuchen Sie alle Eigenschaften positiv zu formulieren, nur dann kann Ihre Ausstrahlung auch als positive Ausstrahlung erkannt werden.

Nutzen Sie Ihre Sinne

Es gibt Bücher und Strategien für alle möglichen Dinge, die Sie lernen sollen. Angefangen vom Schulbuch über Kochbücher, Marketing, bis hin zum Managerbuch über Strategien zur Mitarbeiterführung.

Lernen Sie, Menschen genauso zu lesen wie dieses Buch, nutzen Sie Ihre Aufmerksamkeit, um von Menschen das zu bekommen, was Sie wollen.

Dazu müssen Sie aber erst einmal verstehen, wie der Mensch tickt.

Warum können Sie keine Schraube mit einer Säge festdrehen? Genau, Sie benutzen das falsche Werkzeug. Irgend jemand hat Ihnen mal beigebracht, dass Sie dazu einen Schraubendreher brauchen. Genauso ist es mit Informationen, die Sie persönlich weiterbringen. Irgend jemand muss Ihnen sagen, wie Sie an diese Informationen kommen und wie Sie diese anzuwenden haben.

Wenn Sie das falsche Werkzeug für die falsche Sequenz benutzen, erhalten Sie das falsche Ergebnis.

Wie Sie das lernen, zeige ich Ihnen jetzt:

Zuerst sollten Sie wissen, welche Art Menschen vor Ihnen stehen. Und dazu müssen Sie lernen, verschiedene Typen Mensch in verschiedene Kategorien einzuordnen.

Grundsätzlich unterscheiden wir 3 Grundtypen:

Kinästhetisch
Visuell
Auditiv

Der **kinästhetische** Mensch verwendet oft Metaphern aus der materiellen Welt, er greift immer nach etwas Konkretem, ich kämpfe darum, ich setze mich für sie ein, ich ringe mit mir selbst, für sie ist alles schwer und intensiv. Die Sprache ist dunkel und langsam.

Der **visuelle** Mensch braucht Bilder, er stellt sie sich vor, er hat Bilder im Kopf und spricht schnell, malt das Gesagte aus und ist detailverliebt.

Der **auditive** Mensch ist sehr wählerisch in seiner Wortwahl, das hört sich gut an, ich verstehe, es hat Klick gemacht, er spricht in einem gleichmäßigen Rhythmus.

Und der Mix aus den genannten Typen, der Audiovisuelle, der Kinästhetisch-visuelle.

Um herauszufinden, mit welchem Kommunikationstyp Sie es zu tun haben, sollte Ihre Eröffnung für jeden Typ eine Ansprache enthalten (funktioniert auch in Gruppengesprächen):

Lassen Sie die Gruppe oder Ihren Gesprächspartner etwas hören.

Zeigen Sie Ihrem Gesprächspartner etwas. Denken Sie daran, Ihren Körper einzusetzen und visualisieren Sie das Gesagte.

Lassen Sie etwas fühlen oder begreifen.

Spielen Sie mit Ihrer Stimme, verändern Sie die Tonlage, die Sprachgeschwindigkeit und erkennen Sie die Reaktionen.

Wer fühlt sich wann angesprochen?

Aber das Wichtigste hierzu ist Ihr Glaube und Ihr Mut, etwas auszuprobieren, was Sie vorher noch nicht getan haben.

Es wird Ihnen wahrscheinlich beim ersten Mal nicht gelingen, die verschiedenen Typen zu kategorisieren.

Aber jeder Ihrer Gesprächspartner reagiert in einer Form auf das von Ihnen Gesagte, verstärkt wird dies zusätzlich durch Ihre Körpersprache.

Aber glauben Sie, dass Weltklassesportler beim ersten Versuch ihre heutige Bestleistung erreicht haben? Oder ist bis zur Goldmedaille viel Übung notwendig?

Auch Sie werden bei jedem Gespräch, das Sie auf diese Art vorbereiten, besser, Ihnen wird es gelingen, immer mehr Türen bei Ihrem Gesprächspartner zu öffnen, und Sie werden merken, dass auch hier Übung den Meister macht.

Versuchen Sie es, Ihr Gesprächspartner wird Ihre Strategie gar nicht bemerken, da die meisten Gesprächspartner nicht mit den Gesprächstechniken vertraut sind, und geübte Redner werden sich freuen, einen adäquaten Gesprächspartner gefunden zu haben.

Ihr Gesprächspartner wird sich von Ihnen verstanden fühlen.

Um in Ihrem Leben Erfolg zu haben, ist es unerlässlich, diese Strategien zu verstehen. Es ist erschreckend, wie oft wir unseren Mund einsetzen, aber nicht wissen, was wir damit tun müssen, um gezielte Informationen zu bekommen.

Im Kapitel Fragetechnik werde ich sehr umfassend auf das Thema Fragestellung eingehen.

Versuchen Sie herauszufinden, was Ihren Gesprächspartner dazu veranlasst hat, eine Handlung zu vollziehen (das kann sich ebenso im Privaten, als auch im geschäftlichen Bereich bewegen).

Es wird Ihnen helfen, Ihr Ziel zu erreichen.

Was hat Sie dazu veranlasst, das Produkt zu kaufen?
Was hat Sie dazu veranlasst, Ihren Partner anzusprechen …?
War es etwas, was Sie gehört haben (Stimme), etwas was Sie darüber gelesen oder gesehen (Erscheinungsbild) haben?

Versuchen Sie es.

Sie sind der Regisseur Ihres zukünftigen Lebens.

Die innere Mitte oder der ruhende Pol

Du bist die Ruhe selbst.
Dich wirft nichts aus der Bahn.
Du bist mit dir im Reinen.
Du stehst mit beiden Beinen auf dem Boden.

Die Sprüche haben Sie bestimmt schon mal so oder in ähnlicher Form gehört, gelesen oder zu anderen Menschen gesagt.

Aber was verbirgt sich dahinter, haben Sie sich darüber schon mal Gedanken gemacht? Wieso strahlt die eine Person eine Ruhe und Bodenständigkeit aus, während die andere flatterhaft und nervös wirkt?

Die innere Mitte soll heißen, dass Sie ihren eigenen Standpunkt haben und auch leben können.

Dazu werde ich im nächsten Kapitel Übungen mit Ihnen durchführen, die Ihnen helfen werden, Ihre Mitte zu finden und in Ihrer Mitte zu bleiben.

Aber Ihr Körper zeigt unmissverständlich, ob Sie Ihre Mitte haben oder nicht.

Beobachten Sie Menschen, die Ihrer Meinung nach in Ihrer Mitte sind.

Diese Menschen wissen oft, was Sie tun. Sie sind sich sicher bei dem, was Sie tun. Weil sie wissen, dass es richtig ist. Sie sind davon überzeugt. Sie sind von sich überzeugt.

Und genau das werde ich Ihnen beibringen, dass Sie so sein können, wie Sie schon immer sein wollten.

Die Erdung oder die innere Mitte Übung

Malen Sie mit Kreide einen großen Kreis auf den Boden. Dieser sollte je nach Ihren Platzverhältnissen ungefähr 2-3 Meter Durchmesser haben. In der Mitte machen Sie einen Punkt und markieren somit den Mittelpunkt dieses Kreises.

Nun gehen Sie aus dem Raum und tun etwas anderes, um Abstand von der Aufgabe zu bekommen.

Nun gehen Sie zurück in das Zimmer, stellen sich neben den Kreis schließen die Augen, machen einen Schritt in den Kreis und nehmen Ihre Position im Kreis ein, wo Sie sich wohlfühlen.

Markieren Sie nun diese Position und gehen Sie erneut aus dem Zimmer und tun Sie etwas anderes.

Wenn Sie zurückkommen, fotografieren Sie den Kreis und schauen Sie sich Ihre Position an.

Sie stehen genau in der Mitte? Na dann, herzlichen Glückwunsch, dann sind Sie auch innerlich in ihrer Mitte.

Aber die Mehrzahl der Menschen, die diese Übung machen, werden nicht in der Mitte des Kreises stehen, sondern irgendwo zwischen Umfang und der Mitte.

Dort stehen Sie, dort ist IHRE Mitte, IHRE Position, und Sie können nicht in Ihrer inneren Mitte sein, wenn Sie nicht in der Mitte stehen.

Es ist wie mit unserem Sonnensystem.

Die Sonne ist die Mitte und Sie drehen sich um die Sonne. Sie drehen sich um andere.

Sie sollen die Sonne sein, damit alles sich um Sie dreht.

Die Mitte ist wie ein Kreisel! Haben Sie sich schon mal gefragt, warum der Kreisel sich dreht?

Er dreht sich um die Mitte, um seine Mitte. Warum? Weil es der Masseschwerpunkt ist, die Mittelachse, er ist symmetrisch. Sie kennen den Ausdruck: es läuft rund.

Was denken Sie, was passiert, wenn wir ein Stück Knete an den Kreisel kleben und dann versuchen, den Kreisel drehen zu lassen? Er dreht sich nicht, weil er nicht mehr symmetrisch ist, er ist aus der Mitte, der Schwerpunkt ist nicht mehr in der Mitte. Es läuft nicht mehr rund.

Jetzt stellen Sie sich an den Rand Ihres Kreises und versuchen Sie, sich um Ihre eigene Achse zu drehen. Wie fühlt sich das an? Fällt Ihnen das leicht? Oder fühlt es sich komisch an?

Uns jetzt stellen Sie sich in die Mitte des Kreises und drehen Sie sich erneut. Ich bin mir sicher, dass Ihnen das leichter fällt!

Warum werden Sie sich fragen? Die Erklärung ist einfach. Sie stehen nun in der Mitte, Sie sind der Schwerpunkt, Sie sind die Mittelachse, Sie sind symmetrisch, Sie sind in Ihrer Mitte.

Wiederholen Sie es, drehen Sie sich und fühlen Sie, dass Sie der Mittelpunkt sind.

Alles dreht sich um Sie!

Und jetzt strahlen Sie groß Ihre Mitte aus, atmen Sie tief ein und sprechen Sie es laut (es muss laut sein, damit Sie sich selbst hören) aus:

ICH BIN IN MEINER MITTE!

Nehmen Sie nun als Verstärkung Ihre Arme hinzu und machen Sie während Sie ICH BIN DIE MITTE aussprechen, eine große Armbewegung, damit Sie Ihr neues Selbstbewusstsein unterstreichen.

Eine andere leichte Übung, die Sie zu diesem Thema, Ihre innere Mitte zu finden, durchführen können, ist das Kreisel spielen. Sie brauchen dazu keinen Kreis, keine Vorbereitung. Sie brauchen nur sich selbst und den Willen, etwas anders zu tun.

Denken sie an kleine Kinder, die sich im Kreis drehen, bis sie umfallen und enormen Spaß damit haben.

Wie denken Sie darüber?

Wann haben Sie sich das letzte Mal zum Spaß im Kreis gedreht und sich dabei wohlgefühlt? Tun Sie doch mal etwas Unerwartetes!

Stellen Sie sich in einen Raum, schaffen Sie ausreichend Platz um sich herum, und nun beginnen Sie, sich um Ihre eigene Achse zu drehen. Drehen Sie sich langsam einmal um sich selbst. Machen Sie nach einer Umdrehung eine Pause, damit Ihr Gleichgewichtssinn sich erholen kann.

Wiederholen sie dann die Umdrehung noch einmal langsam, und sagen Sie nach jeder Umdrehung: Ich bin die Mitte!

Sie sind nun die Mitte, wie ein Kreisel, Sie stehen im Mittelpunkt, alles dreht sich um Sie.

Die Mitte

Die Übung im vorangehenden Kapitel wird Ihnen helfen, sich selbst zurechtzurücken, strahlen Sie Ihr neues Selbstbewusstsein aus: ICH BIN IN MEINER MITTE, und Sie werden der Mittelpunkt sein.

Neue Menschen werden in Ihr Leben treten, auf Sie zugehen, Sie werden diese Menschen, die Sie um sich haben möchten, anziehen, denn Sie sind nun der Mittelpunkt. Sie sind nun die Sonne im Universum, Sie sind der Mittelpunkt.

Üben Sie einmal die Woche, einmal oder mehrmals am Tag, so oft Sie können, und fühlen Sie sich wohl dabei, es funktioniert, Sie sind der Mittelpunkt.

Das Geheimnis ist das Gesetz der Anziehung. Ziehen Sie das an, was Sie in ihrem Leben haben wollen.
Wie Motten vom Licht angezogen werden, ziehen Sie das in Ihr Leben, was Sie wollen.

Alles in Ihrem Leben wird aufgrund Ihrer Bilder im Kopf zur Realität. Es ist das, was Sie denken, es ist Ihre Realität.

Denken Sie daran, Gleiches zieht Gleiches an.

Wissen Sie, wie ein Magnet funktioniert?
Ein Magnet zieht Eisen an!
Und nun stellen Sie sich vor, Sie sind der Magnet, und nun ziehen Sie Dinge an, die Sie in Ihrem Leben haben wollen, ziehen Sie das an, was Sie sein wollen, und Sie werden es sein.

Wie sehr möchten Sie wirklich etwas verändern? Dann tun sie es! Es kann Ihnen nichts passieren.

Tun als ob …

Sie trauen sich nicht, andere Menschen anzusprechen? Sie trauen es sich nicht zu, Ihren Vorgesetzten nach einer Gehaltserhöhung zu fragen?

Haben Sie schon einmal versucht herauszufinden, woran das liegt? Oft sind auch diese Ängste antrainierte oder überlieferte Ängste. Man tut das nicht! Aber wer hat denn festlegt, dass man das nicht tut? Denken Sie kurz darüber nach, wieso man etwas nicht tut. Durch Überlieferungen und Erziehung haben Sie Ihr ganzes Leben lang gelernt, gewisse Dinge nicht zu tun. Lesen Sie den letzten Satz noch einmal. Sie haben richtig gelesen: Sie haben gelernt, gewisse Dinge nicht zu tun.

Solche Blockaden durch antrainierte Erfahrungen können vorteilhaft sein und Zeit und Ärger ersparen, doch sie bringen auch Vorurteile mit sich. Das führt dazu, dass man dazu neigt, alles in voreingestellte Schubladen einzusortieren und abzustempeln.

Diese Vorgehensweise blockiert Sie.

Früher wurde uns gelehrt, beim Essen die Oberarme am Körper anzulegen, ein Buch auf den Kopf zu legen und gerade zu sitzen. Eine solche Erziehung blockiert Sie. Sie werden zum Produkt gesellschaftlicher Zwänge.

Jetzt ist es an der Zeit, zu lernen, gewisse Dinge zu tun.

Sie werden geboren und lernen zu krabbeln, dann zu laufen, dann zu sprechen …
Auch das mussten Sie lernen.

In Ihrer Berufsausbildung mussten Sie lernen.
Das Zusammenleben mit Ihrem Partner mussten Sie lernen.
Ihre eigenen Kinder zu erziehen, mussten Sie lernen.

Damit will ich Ihnen zeigen, dass Sie in jedem Lebensalter aufnahmefähig sind, neue Dinge zu erlernen, Sie müssen es nur wollen. Dieses Buch zu lesen, ist der erste Schritt zur Veränderung.

Wenn Sie nun sagen, aber ich kann das nicht, dann haben Sie recht. Sie können es nicht. Sie müssen es nun lernen. Was können Sie tun, wenn Sie etwas nicht können?

Das Einfachste ist, so zu tun, als könnten Sie es.

Sie kommen sich nun komisch vor?

Überlegen Sie mal, wie viele Menschen auf der Welt etwas tun, was sie nicht wirklich können, sie tun so, als ob sie es könnten. Anderen vorgaukeln, sie könnten etwas Besonderes, denken Sie nur an die immer wieder aufgedeckten Fälle falscher Ärzte, die jahrelang praktizieren und somit Menschen betrügen. Das ist eine Straftat. Die betrügerischen Berater, die Ihnen die höchste Rendite versprechen, oder auch einfach nur Kinder, die sich groß machen wollen, indem sie anderen etwas voraus haben möchten.

TUN Sie, als könnten Sie es. Auch hier macht Übung den Meister. Tun Sie, als wüssten Sie es. Kopieren Sie erfolgreiche Menschen.

Stellen Sie Fragen! Weil erfolgreiche Menschen keine Angst vor den Antworten haben.

Unseren Kindern bringen wir bei: stelle Fragen, durch Fragen lernt man, es gibt keine dummen Fragen, es gibt nur dumme Antworten!

Aber die Fragetechnik bleibt bei vielen Erwachsenen auf der Strecke, weil wir verlernt haben, nach etwas zu fragen.

Denken Sie an das Beispiel der vorangegangenen Seiten.

Wenn Sie Ihren Vorgesetzten nicht nach einer Gehaltserhöhung fragen, wird er von sich aus Ihnen auch keine geben.

Wenn Sie Ihrer Liebe des Lebens nicht die Frage stellen, ob sie heiraten will, werden Sie keine Antwort bekommen.

Wenn Sie etwas wollen, müssen Sie lernen, die richtigen Fragen zu stellen, um zu Ihrem Ziel zu kommen.

Zu diesem Thema gehört auch das weite Feld der Schlagfertigkeit oder das Erlernen, wieder „frech zu sein", auch dies ist ein Thema, das Sie lernen müssen, und durch immer weitere Übung werden Sie auch auf diesem Feld bald ein Profi sein.

Aber später im Kapitel Fragen und Antworten mehr zu diesem Thema.

Emotionen

Geteiltes Leid ist halbes Leid. Ich glaube, jeder kennt diese Aussage, die immer weiter und weiter überliefert wird.

Wir alle sind scheinbar jederzeit in der Lage, Leid mit anderen Menschen zu teilen, wir können uns schlagartig in deren Lage versetzen und können sogar den Schmerz spüren, die diese Person gerade durchlebt. Aber warum tun wir das?

Wie ziehen unbewusst diese negative Energie in unser Unterbewusstsein.

Haben Sie schon mal angefangen, an etwas zu denken, über das Sie nicht glücklich waren und das Ihnen immer schlimmer erschien, je länger Sie darüber nachdachten?

Haben Sie schon jemals gehört, geteiltes Glück ist doppeltes Glück?

Ich denke nein. Wir neigen dazu, Elend und Leid zu teilen und kollektiv mitzutrauern.

Aber Glück sind wir nicht bereit zu teilen und zu verdoppeln?
Haben sie Angst, dass Sie weniger glücklich sind, wenn Sie Andere an Ihrem Glück teilhaben lassen? Oder ist es nicht eher so, dass Sie sich besser, glücklicher fühlen, wenn Sie etwas Gutes getan haben oder einfach nur anderen Menschen erzählen, wie Sie sich über etwas gefreut haben?

Vieles geschieht, weil wir uns in Gedanken in diese Situation hineinversetzen, und damit ziehen wir das Elend an. Ziehen Sie in Gedanken positive Situationen heran.

Können Sie sich mit Anderen freuen?

Vielen Menschen fällt es schwer, sich mit Anderen zu freuen. Es kommt noch schlimmer: anstatt die Freude mit Anderen zu teilen, verfallen wir in Neid und Hass, was uns erneut in eine negative, deprimierende Stimmung bringt und schon sind wir erneut in der Mitleidsphase.

Wenn wir also so konkret in der Lage sind, positive Aktionen in negative zu verwandeln, dann sollten wir doch auch lernen können, negative in positive umzuwandeln.

Die Lebenskraft ist wahrscheinlich die Kraft im Universum, über die wir am wenigsten wissen. Lächeln und Lachen können biologische Prozesse in Gang setzen, die uns dazu bringen, uns besser zu fühlen. Sie erhöhen den Sauerstoffgehalt im Blut, erhöhen die Sauerstoffzufuhr zum Gehirn und die Ausschüttung von Glückshormonen.

Sie fühlen sich anders und verhalten sich anders, und das strahlen Sie aus.

Versuchen Sie, so oft es geht zu lächeln. Lächeln kann man hören. Ihre gute Laune ist ansteckend. Sie verströmen positive Energie. Der Funke springt über. Sie kommen Ihrem Ziel näher.

Sie wandeln negative Energie in positive Energie um.

Üben Sie lächeln, täglich vor dem Spiegel, üben Sie lächeln und sprechen. Oft hilft es schon, einfach die Mundwinkel leicht nach oben zu ziehen, dabei lässt es sich noch gut reden, so dass es sich auch noch natürlich anhört. Lernen Sie, durchs Telefon zu lächeln, die Welt wird Ihnen gerne zuhören. Nehmen Sie ein paar Sätze Ihrer Stimme mit einem Aufnahmegerät wechselweise mit einem Lächeln und ohne Lächeln auf. Sogar Sie selbst werden den Unterschied in Ihrer Stimme feststellen.

Ein Beispiel zum Üben aus der Praxis des Telefonmarketings:

Guten Tag Herr XYZ, meine Name ist Keßler, Markus Keßler von (Firma XY, Ort). Ich suche einen Ansprechpartner für (Einkauf, Formularverwaltung, Steuerfragen usw.)

Können sie mir helfen?

Schreiben Sie diesen Satz zu einer flüssigen Eröffnung für ein Testgespräch und lesen Sie diesen wiederholt durch.

Wenn der Text sicher ist, nehmen Sie zwei identische Versionen des Textes auf ein Speichermedium auf.

Beim ersten Mal lassen Sie die Mundwinkel nach unten hängen.
Bei der zweiten Version lächeln Sie in das Aufnahmegerät, und ziehen Sie die Mundwinkel leicht nach oben.
Wenn Sie nach Fertigstellung die beiden Versionen anhören, werden Sie auf Anhieb die Unterschiede feststellen.

Welcher Text gefällt Ihnen wohl besser?

Ich will damit ausdrücken: Positive Energie ist der Treibstoff für außergewöhnliche Leistungen.

William Shakespeare: Unser Körper ist unser Garten, und unser Wille ist unser Gärtner.

Zielerreichung

Ich höre immer noch sehr oft die Aussage: Ich kann das nicht! Dies ist für Viele immer noch ein starker Motivationsgrund, etwas nicht zu tun.

Es gibt ein Zitat (das anderen Urhebern zugesprochen wird), dass eine Lüge, wenn sie oft genug wiederholt wird, schließlich von allen geglaubt wird. Also warum sagen Sie, ich kann das nicht? Sagen Sie lieber, ich kann das, ich will das.

Sagen Sie: ich bin der Beste, ich kann das!

Wenn Sie immer zu sich sagen, ich kann das nicht, werden Sie auch irgendwann glauben, dass Sie es nicht können.

Gewinnen fängt an mit beginnen.

Nur wenn der Geist ein klar definiertes Ziel hat, kann er auch immer wieder die Richtungskorrektur anwenden, Sie auf den Weg zu bringen, der Sie zu Ihrem Ziel führt. Das beste Werkzeug wird für Sie keinen großen Nutzen haben, wenn Sie keine Vorstellung davon haben, was Sie damit tun sollen.

Wenn Sie aber das richtige Werkzeug haben und wissen, was Sie damit tun können, werden Sie Unglaubliches erreichen.

Wichtig dabei ist, dass Sie die nun folgenden Wegweiser nicht nur lesen, sondern auch leben.

Soll heißen: schreiben Sie Ihren Wegweiser anhand der Tipps selbst auf, schreiben Sie Ihr Drehbuch, fixieren Sie Teilzeile und was Sie dafür tun müssen. Richten Sie Ihr Leben auf die Erreichung Ihrer Ziele aus. Auch hier gilt: Übung macht den Meister.

1. Formulieren Sie Ihr Ziel positiv, sagen Sie, was Sie erreichen wollen, nicht das, was Sie vermeiden wollen.
2. Drücken Sie sich so präzise wie möglich aus. Wie sieht Ihr Ziel aus, wie riecht es, wie fühlt es sich an? Lassen Sie Bilder entstehen wie in diesem Buch beschrieben, und fühlen Sie sich wohl in Ihren Visionen.
3. Bestimmen Sie Zielerkennungskriterien. Überlegen Sie, wie Sie aussehen werden, wenn Sie Ihr Ziel erreicht haben.
4. Übernehmen Sie die Kontrolle. Ihr Ziel muss von Faktoren abhängen, die Sie direkt beeinflussen können.
5. Überprüfen Sie, ob Ihre Ziele für Sie und Andere von Nutzen sind.

Denken Sie immer daran: Jede Reise beginnt mit dem ersten Schritt, und Ihr erster Schritt beginnt jetzt. Dort, wo Sie sich gerade befinden.

Jeder von Ihnen hat schon vom Jakobsweg gehört oder gelesen. Millionen Pilger, die diesen Weg gehen, um Erleuchtung, Ruhe oder was auch immer zu finden. Wissen Sie eigentlich, wo der Jakobsweg beginnt? Er beginnt dort, wo Sie anfangen, den Entschluss zu fassen, diesen Weg zu gehen.

Das ist wie das Beginnen mit Ihrer Veränderung. Sie beginnt jetzt und heute. Sie bestimmen, wann Ihre Verwandlung beginnt, und indem Sie bestimmen, dass es nun beginnt, hat die Veränderung bereits begonnen.

Deshalb ist es wichtig, sich über den ersten und alle weiteren Schritte im Klaren zu sein. Deshalb machen Sie sich einen Plan von Ihrem Erfolg.

Was ist der sicherste Weg, eine Spitzenleistung zu erbringen? Jemanden zu modellieren, der bereits erfolgreich ist. Stellen Sie sich nun vor, dass genau dieser Mensch Ihnen nun einen Rat gibt, wie Sie am sichersten Ihr Ziel erreichen.

Benutzen Sie dazu die Übung aus diesem Buch, in der erklärt wird, wie Sie sich an erfolgreichen Menschen orientieren sollen.

Und noch was: an der Straße des Erfolgs wird ständig gearbeitet.

Ihr Weg wird von Veränderungen begleitet sein! Wenn Sie ein Teilziel nicht erreichen können, geben Sie nicht auf, sondern arbeiten Sie weiter daran, das Gesamtziel zu erreichen.

Ein weiterer Grund, warum viele Menschen nicht erfolgreich sind, ist der, dass Erfolg harte Arbeit ist. Auch gute Vorbereitung und Zielbestimmung wird Ihnen nicht zufliegen, sondern bedarf harter Arbeit.

Denken Sie immer daran, was ich im Kapitel „Der Mensch ist, was er denkt“ geschrieben habe:

Erfolg ist harte Arbeit.

Denken Sie an den Sport, den sie ausüben oder vielleicht, wenn Sie aufgehört haben, Sport zu betreiben, wie das früher war. Wie war das mit Ihren Zielen? Warum betreiben Sie diesen Aufwand, zwei Mal wöchentlich eine bestimmte Sportart auszuüben?

Bei Sport sind Menschen automatisch bereit, Höchstleistungen zu bringen und hart an sich zu arbeiten, um immer besser zu werden. Höher, schneller, weiter …

Sie haben ein Ziel definiert und arbeiten nun daran, dieses Ziel zu erreichen.

Und wenn es nur der Hundert-Meter-Lauf in Ihrer Schulzeit war. Wenn es darum ging, diese Strecke in einer für Sie bestmöglichen Zeit zurückzulegen, um die für Sie bestmögliche Note zu erzielen. Dann haben Sie dieses Ziel definiert und geübt, diese Bestleistung zu erreichen.

Warum tun Sie genau das nicht mit Ihrem Leben?

Definieren Sie nun Ihre Ziele:

Definieren Sie, wie Sie leben möchten …
Definieren Sie, was Sie arbeiten möchten …
Definieren Sie, dass Sie zufrieden sein möchten …

Notieren Sie diese Ziele, damit Sie Ihre Ziele jeden Tag lesen können.

Und nun definieren Sie, was Sie dafür verändern müssen, um diese Ziele zu erreichen.

Jede Reise beginnt mit einem ersten Schritt.

Fragen und Antworten

Wie bekommen Sie das, was Sie wollen?

Stellen Sie die richtigen Fragen.

Winston Churchill: Worte sind die größte Droge, derer sich die Menschheit bedienen kann.
Fragen Sie genau, ganz genau.
Wann … wo … wie … mit wem …
Formulieren Sie nicht zu allgemein wie: wir benötigen noch etwas Geld, um das Produkt zu entwickeln.

Sie wollen also mehr Geld?
Richtig?
Also gebe ich Ihnen 1 Euro.
Nicht zufrieden?
Nicht das, was Sie sich erhofft haben?

Sie haben bekommen, wonach Sie gefragt haben.

Aber Sie haben nicht präzise gefragt und deshalb auch nicht das bekommen, was Sie wollen. Also fragen Sie präzise und genau:
Ich möchte 100 Euro mehr Gehalt!

Nun haben Sie die genaue Summe bestimmt und Sie werden nun über diesen konkreten Betrag diskutieren. Nicht mehr über „… ich will mehr Geld …“ sondern über „100 Euro mehr Geld“.
Nun können Sie Ihren Vorgesetzten mit Hilfe Ihrer erstellten Selbstpräsentation überzeugen, dass Sie 100 Euro mehr wert sind.

Stellen Sie also Ihre Fragen klar und präzise. Wenn Sie von dem, was Sie wollen, nicht richtig überzeugt sind, wie wollen Sie dann Andere überzeugen? Und bedenken Sie in diesem Zusammenhang den gefährlichsten Fehler bequemer Kommunikation: Vermutungen anzustellen.

Vermutungen anzustellen, ist ein Zeichen bequemer Kommunikation.

Der Zweck präziser Sprachmuster besteht darin, soviel nützliche Informationen wie möglich zu bekommen.

Wenn Sie nun sagen, Sie können das nicht, dann fragen Sie sich als nächstes:

Was würde passieren, wenn Sie es könnten?

Die Antwort wäre eine Liste positiver und produktiver Verhaltensweisen, neue Möglichkeiten, neue Zustände. Sie ändern dadurch Ihr Denken und plötzlich wird es Ihnen möglich erscheinen.

Wenn Sie deprimiert sind, können Sie sich fragen:
Wie genau sind Sie deprimiert?
Was fühlen Sie?
Was genau hat Sie dazu veranlasst, sich so zu fühlen?

Bringen Sie sich oder Ihren Gesprächspartner dazu, diese Aussage zu präzisieren! Drücken Sie sich genauer aus, was Sie dazu gebracht hat, sich deprimiert zu fühlen.

Beispiel: Ich bin deprimiert, weil ich immer alles falsch mache/weil alle schlecht zu mir sind!

Dann können Sie fragen: Stimmt diese Verallgemeinerung?
Machen Sie wirklich immer alles falsch?
Sehr wahrscheinlich nämlich nicht!
Fragen Sie weiter: Was genau haben Sie immer falsch gemacht? Was tun die Menschen, die immer schlecht zu Ihnen sind?

In der Regel werden Sie feststellen, dass jemand nur etwas Geringfügiges falsch gemacht hat, und dann diese Geringfügigkeit zu einem Symbol totalen Versagens gemacht hat, was aber tatsächlich nur in seinem Kopf existiert.

Also wenn Sie sich schlecht fühlen, versuchen Sie es doch mal auf diese Art, sich selbst wieder aus der schlechten Laune in eine positive Stimmung zu fragen.

Wenn Sie ein Ziel vor Augen haben, und jemand sagt, das wird nicht funktionieren, ist es nicht sinnvoll, trotzdem den gesamten Plan in der ursprünglichen Form zu verfolgen. Häufig geht es gar nicht um den gesamten Plan, sondern nur um einen kleinen Teil davon.

Wenn Sie nun versuchen, den gesamten Plan neu zu entwickeln, sind Sie wie ein Flugzeug ohne Radar. Sie arrangieren womöglich alles neu, nur nicht den Punkt, auf den es ankommt. Wenn Sie genau bestimmen, wo das Problem liegt, können Sie genau entgegensteuern. Je genauer die Landkarte, umso besser können Sie navigieren.

Mit Fragen können sie ebenfalls auf Kritik reagieren.

Was ist aber Kritik? Wenn Sie verstehen, was Kritik ist, können Sie auch darauf reagieren.

Kritik basiert häufig auf willkürlicher Einschätzung!!!! Beispiele:

Du bist dumm …
Du bist hässlich …
Du kannst nicht mal drei und drei zusammenzählen …
Ihr Seminar ist zu teuer!
Das Produkt ist zu teuer!
Sie sind zu dick!
Die Haarfarbe steht Ihnen gar nicht!

Solche und ähnliche Aussagen kennen Sie zur Genüge. Aber was soll Ihnen die Aussage mitteilen?

Eben gar nichts, weil Ihnen der subjektive Bezug fehlt.

Deshalb ist Kritik eben oft diese genannte willkürliche Einschätzung einer Person in Bezug auf eine andere Person.

Die meisten Menschen fühlen sich durch Kritik angegriffen und reagieren oft gereizt und verletzt über die getätigte Aussage, weil sie sich nicht richtig zu wehren wissen.

Was können Sie aber nun tun?

Sie haben gelesen, dass Worte eine starke Macht ausüben, ebenso die Kritik, die ohne Bezug trotzdem im Raum steht und entkräftet werden muss. Aber wer kann die Kritik entkräften? Natürlich nur Sie selbst!

Stellen Sie einfach die richtigen Fragen!

Sie trauen sich nicht oder sind unsicher?

Natürlich kommen die richtigen Antworten nicht von allein. Aber denken Sie, Menschen, die immer die richtige Antwort im richtigen Moment parat haben, fliegt diese Antwort zu? Nein, auch Schlagfertigkeit will gelernt sein. Deshalb müssen auch solche Situation geübt werden. Übung macht den Meister.

Das sind natürlich viele Themen, die Sie nun lernen sollen, aber Sie können nicht alles auf einmal erlernen und umsetzen. Deshalb der Hinweis, mit dem Buch zu arbeiten.

Suchen Sie immer ein Thema aus, das Sie umsetzen wollen. Die Reihenfolge spielt dabei keine Rolle.

Fangen Sie damit an, was Ihnen wichtig ist. Üben Sie wieder vor dem Spiegel. Überlegen Sie sich Beispiele, die Sie erlebt haben, Situationen, bei denen Sie beleidigt worden sind oder kritisiert wurden.

Üben Sie, auf diese Situationen die entsprechenden Fragen zu stellen und entkräften Sie damit die Kritik. Sie werden merken, dass Ihr Gegenüber auf Ihre Fragen kaum die richtigen Antworten haben wird, weil er mit einer Reaktion auf seine Kritik nicht rechnet.

Hier ein paar gängige Beispiele für schlagfertige Antworten:

Du bist zu dick!	Antwort:	Ich bin Schokoladentester!
Du bist hässlich!	Antwort:	Ich passe mich dir an!
Du bist dumm!	Antwort:	Du bist mein Vorbild!

Hinterfragetechnik:

Du fährst ja Auto wie eine Schnecke!

Was veranlasst dich, das zu sagen? Oder: Was stört dich an meinem Fahrstil?

Alle überholen uns!

Ich will dich sicher nach Hause bringen.

Interesse Analysetechnik:

Ihr Seminar ist zu teuer!

Können Sie mir ein Beispiel geben, im Vergleich wozu Sie dieses Seminar zu teuer finden?

Zu anderen Seminaren, die ich besucht habe.

In welcher Hinsicht ist es vergleichbar? Was muss ich tun?

Dies und das …

Wenn ich dies und das noch einbauen würde, hätten Sie dann das Gefühl, dass mein Seminar sein Geld wert wäre?

An einem bestimmten Punkt werden Sie Zustimmung erhalten. Je nachdem, wie gut Ihr Gesprächspartner mit Gesprächstechniken und Fragestellung vertraut ist, wird diese Zustimmung früher oder später eintreten.

Aber keine Angst, die meisten Menschen werden nicht gut auf eine solche Reaktion auf eine Kritik vorbereitet sein, so dass Sie immer im Vorteil sind.

Deshalb machen Sie sich zur Gewohnheit, vom Problem weg zur Lösung hinzuarbeiten.

Das alles können Sie mit Fragen erreichen.

Arten von Fragen

Steigen wir nun in die Geheimnisse der Fragetechnik ein:

Wie stellen Sie die richtigen Fragen, damit Sie Antworten bekommen, das Gespräch lenken und Zustimmung erfahren?

An dieser Stelle erfahren Sie die drei Arten der Fragestellung:

Offene, geschlossene und Alternativfragen.

Beginnen Sie mit offenen Fragen:

Offene Fragen

Offene Fragen sind Fragen, auf die Sie eine Antwort erhalten. Sie verschaffen Ihnen Informationen über Ihr Ziel! Sie sind so aufgebaut, dass Ihr Gesprächspartner mit einem Satz antworten muss.

Einsilbige Antworten wie Ja oder Nein sind kaum möglich.

Offene Fragen beginnen mit einem W. Deshalb nennt man sie auch W-Fragen.

Die offene Frage dient Ihnen zur Informationsbeschaffung, da die Antwort Informationen enthält.

Was kann ich für Sie tun?
Wozu bin ich hier?
Was ist Ihre Lieblingsfarbe?
Was für ein Auto fahren Sie?
Wie viel Kilo haben Sie abgenommen?
Wo wohnen Sie?
Was will ich für Dich?
Was will ich für mich?

Formulieren Sie nun selbst ein paar Fragen, die auf Ihr Umfeld passen. Versuchen Sie, einfache Dinge des täglichen Lebens in dieser Übung in Fragen zu fassen.

Was gibt es heute zu essen?
Was soll ich anziehen?
Wie gefällt dir meine neue Halskette?

Wenden Sie diese Technik der offenen Fragen zu Hause bei Ihrem Partner oder bei Ihren Kindern an, und Sie merken, dass die Kommunikation zu Hause ansteigt.

Was passiert nach der offenen Frage? Wichtig für Sie als Fragesteller ist, dass Sie nach dem Stellen der Frage dann Ihren Mund halten und dem Gesprächspartner die Möglichkeit geben, seine Antwort zu formulieren.

Wir neigen in diesem Zusammenhang gerne dazu, zu schnell eine Ergänzung in Form von einer geschlossenen oder Alternativ-Frage hinzuzufügen, was Ihnen die Informationsbeschaffung der offenen Frage kaputtmacht.

Stellen sie Ihre offene Frage und warten Sie die Antwort ab.

Versuchen Sie Ihren Gesprächspartner, egal ob Partner, Kind oder im Business für sich zu gewinnen, schaffen Sie ein Gefühl der Verbundenheit. Ihr Gesprächspartner wird sich bei Ihnen gut aufgehoben fühlen. Schaffen Sie Rapport, Menschen die sich ähneln, neigen dazu, sich zu mögen. Mehr dazu im nächsten Kapitel. Deshalb können Sie über Fragetechnik der offenen Fragen viele wichtige Einzelheiten und Informationen über Ihren Gesprächspartner herausfinden.

Eröffnen Sie Gespräche immer mit offenen Fragen. Offene Fragen sind hervorragend für Small Talk geeignet.

Hier ein Beispiel:

(Die Einleitung schafft den Kontext für die darauf folgende offene Frage.)

Vielen Dank für die tolle Wegbeschreibung. Ich bin über die Autobahn gekommen!
Welche Strecke fahren Sie morgens in Ihr Büro?

Vielen Dank für Ihre Einladung! Einen tollen Garten haben Sie angelegt!
Wer hat die Pläne für die Gestaltung übernommen?

Ein tolles Auto fahren Sie!
Welches Baujahr ist das Modell?
Welche Motorisierung hat Ihr Modell?

Alternativ-Fragen

Alternativ-Fragen sind solche Fragen, die ein Gespräch in eine bestimmte Richtung lenken können. Bestimmen Sie durch Ihre Fragen, wie sich Ihr Gespräch entwickeln wird. Welches Kleid gefällt dir besser, das rote oder das schwarze Kleid? Sie schränken mit Ihrer Auswahl das Antwortspektrum ein. Ihr Partner kommt im genannten Beispiel nicht dazu zu sagen, dass ihm vielleicht ein anderes Kleid besser gefällt, weil Sie konkret nach dem schwarzen oder dem roten Kleid gefragt haben.

Ein Beispiel aus dem privaten Bereich:

Ein toller Garten!
Die Alternativ-Frage: Kaufen Sie die Pflanzen bei X oder bei Y?

Und sollte die Alternativfrage nicht passen, ist Ihr Gesprächspartner gezwungen mit einem Satz zu antworten.

Nein, ich kaufe meine Pflanzen bei Z!

Dann fragen Sie mit einer offenen Frage weiter:
In welcher Filiale kaufen Sie ein?

Ein Beispiel aus der Business Welt:

Zuerst die offene Frage: Wo liegt der Schwerpunkt Ihrer Fertigung?

Antwort: Hauptbestandteil ist die Metallbearbeitung?

Dann folgt die Alternativ-Frage: Liegt Ihr Schwerpunkt der Metallbearbeitung eher auf Fräsbearbeitung oder Drehbearbeitung?

Mit solchen Fragemustern wird es Ihnen gelingen, aus dem Gespräch Informationen zu bekommen und das Gespräch in die gewünschte Richtung zu lenken.

Geschlossene Fragen

Geschlossene Frage: Haben Sie noch alte Maschinen im Einsatz?
Antwort: Ja.
Offene Frage: Von welchem Hersteller? Wie alt? Wo stehen diese Maschinen? Kann ich sie sehen?
Geschlossene Fragen können nur mit Ja oder Nein beantwortet werden.

Die geschlossene Frage ist die Entscheidungsfrage.

Die Frage als Angriff und Abwehr

Ein gutes Mittel der Fragetechnik ist die Motivationsfrage!

Einige Menschen geben bereitwilliger Informationen weiter, wenn sie vorher „gelobt“ werden. Stellen Sie die Antwort, die Sie bekommen möchten, in eine positive, lobende Aussage.

Beispiel: Sie sind nun so lange erfolgreich in der Mitarbeiterführung, was sagen Sie zu der Arbeitseinstellung einer bestimmten Gruppe?

Sie kennen sich doch hervorragend mit Autos aus, was halten Sie von einem … Musterauto?

Sie sind doch als hilfsbereiter Mensch im Ort bekannt, wie viel möchten Sie für den Kindergarten spenden?

Sie haben das Unternehmen und die Mitarbeiterzahl seit Ihrer Führung ständig ausgebaut und sich als erfolgreicher Geschäftsmann einen Namen gemacht!
Was halten Sie von der aktuellen Standortpolitik?

Oder bei Was-wäre-wenn Szenarien:

Bauen Sie vor der eigentlichen Frage ein Szenario, das einen kurzen Kontext schafft, in welchem Rahmen sich die Antwort befinden wird.

Versuchen Sie das, und versuchen Sie, eigene Szenarien zu schaffen.

Beispiel:

Stellen Sie sich vor, Sie wären der Vorsitzende des Fördervereins der freiwilligen Feuerwehr, welche Maßnahmen würden Sie zur Jugendförderung im Ortsverband einsteuern?

Stellen Sie sich vor sie sind der Personalverantwortliche der XY GmbH, was halten Sie von der aktuellen Ausbildungssituation in Ihrem Unternehmen?

So können Sie nach diesem Muster auf jede Situation ein Szenario vorbereiten, das Ihnen ein Umfeld schafft, in dem sich Ihre Antworten bewegen.

Nützlich ist das bei Gesprächen, bei denen Sie die Aussage des Antwortenden so benutzen können, damit die Aussage den Sprecher zu etwas verpflichtet bzw. ihn in die Ausgangslage bringt, etwas zu sagen, für das er auch „geradestehen" muss.

Geübte Gesprächspartner können Ihren Argumenten auch mit Doppelfragen entgegenwirken, was Sie aber auch als aktive Antwort Ihrem Angreifer entgegensetzen können.

Doppelfragen bestehen oft aus mehreren Fragen, in einem Satz, in einer Aussage zusammengefasst.

Oft auch als eine schnelle Ansammlung von offenen Fragen („wie aus der Pistole geschossen").

Was hat Sie zu den Kündigungen veranlasst und was sagen Ihre anderen Mitarbeiter dazu?

Wie stehen Sie zu den Lehren Ihrer Schule und was tun Ihre Kinder um Schritt zu halten? Und was sagen die Medien dazu?

Doppelfragen sollen Sie unter Druck setzen.

Lassen Sie sich nicht unter Druck setzen!

Ihr Gegenmittel für diesen Angriff ist, bewusst nur auf eine Frage einzugehen.

Ich beantworte Ihnen die erste Frage, danach können Sie weitere Fragen in der zweiten Frage wiederholen.

Beantworten Sie immer nur eine Frage!

Wenn Ihr Interviewer sich bei Ihnen beschwert, dass Sie seine Fragen nicht alle beantworten, schlagen Sie ihn mit seinen eigenen Waffen:

Ich beantworte deshalb nur eine Frage, damit die Problematik themenbezogen und lösungsorientiert erörtert werden kann. Stellen sie nun die nächste Frage!

Auf diese Antwort kann Ihnen kein Interviewer mehr ein Ausweichen unterstellen, sondern jeder wird Ihre Kompetenz und Ihren Sachverstand respektieren.

Nun die gefährlichste Art der Frage als Angriff:

Definition und Suggestionsfragen

Die Suggestiv-Frage will Sie in etwas hineinziehen, was Sie nicht möchten.

Oder Sie als Fragesteller können bei heiklen Themen diese Frage nutzen, um Mitmenschen auf eine bestimmte Seite zu bekommen, um Farbe zu bekennen.

Sie sind doch sicher auch der Meinung, Hundekot gehört vom Besitzer entsorgt …

Finden Sie nicht auch, dass Arbeitslose unterstützt werden sollten?

Die Definitionsfrage hingegen fordert eine Aussage zu einem bestimmten Themengebiet und bringt den Befragten dadurch in die Lage, sich rechtfertigen zu müssen.

Was will Ihr Gesprächspartner nun darauf entgegnen?

Die meisten Menschen werden in so einer Situation Ihrer Aussage zustimmen.

Sie als Zoodirektor mit jahrelanger Erfahrung, was verstehen Sie unter artgerechter Tierhaltung?

Als Gegenmittel zu dieser Definitionsfrage spielen Sie den Ball zurück, antworten Sie:

Wie würden Sie die Sache angehen?

Was verstehen Sie darunter?

Lernen Sie auch auf Fragen, die Ihnen gestellt werden, die passenden Antworten parat zu haben. Schlagfertige Antworten kommen auch nicht von alleine. Manchmal erleben wir Menschen, die in scheinbar jeder Situation die richtige schlagfertige Antwort parat haben und sich so den Angreifern der Umwelt wirksam entgegensetzen können.

Deshalb überlegen Sie sich für einige Angriffe, denen Sie ausgesetzt waren, die passenden Antworten und üben Sie diese Situationen vor dem Spiegel oder mit einem Partner Ihres Vertrauens.

Trauen Sie sich ruhig, frech zu sein!

Denken Sie daran: Sie werden angegriffen und müssen sich verteidigen.

Hier einige Beispiele, die Ihnen helfen werden, eigene Standardantworten zu finden.

Verwenden Sie am Anfang einige wenige Standardantworten. Das wird Ihnen helfen, schneller zu lernen und ein größeres Repertoire an Antworten zu erlernen.

Du bist dick.
Ich bin Schokoladentester

Über dich lachen ja alle.
Ich bin bester Absolvent der Comedy Academy.

Du bist peinlich.
Wenn du damit sagen willst, ich bin unkonventionell und locker, hast du recht.

Die blöde Antwort

Eine blöde Antwort kann nur auf eine blöde Frage kommen.

Hier nun drei Standardantworten, die immer passen und mit denen Sie anfangen können, schlagfertig zu sein.

… Sie sind mein Vorbild, ich passe mich Ihnen an.
… ich passe mich meinem Gesprächspartner an.
… da muss ich meinen Bewährungshelfer fragen.

Auch im Geschäftlichen werden Sie durch Fragen gerne unter Druck gesetzt, auch hier ist es elementar wichtig, die richtigen Antworten parat zu haben.

Jedoch muss hier sichergestellt werden, dass eine bestimmte Etikette je nach Runde und Gesprächspartner gewahrt bleibt.

Hierzu gehört Kompetenz anzweifeln und das übergeordnete Ziel in den Vordergrund zu stellen. Folgendes Beispiel:

Sie haben Ihr Budget überzogen.

... mit diesem Konzept habe ich unser Unternehmensziel im Fokus gehabt und mich auf den langfristigen Erfolg ausgerichtet.

Oder:

Eine Umstrukturierung kostet nur Zeit und bedeutet mehr Arbeit.

... Ihr Einwand ist berechtigt, aber wichtiger ist es, durch die Umstrukturierung langfristig wettbewerbsfähig zu bleiben.

Kompetenz anzweifeln ist ein gewagtes Instrument, das immer mit Bedacht eingesetzt werden sollte.

Sie können diese Waffe jedoch in einem Team aus Gleichgestellten einsetzen. Niemals bei Vorgesetzten.

Jedes Konkurrenzverhalten zu Kollegen oder Vorgesetzten, das sich an dem Muster Sieger und Verlierer orientiert, ist schlimmer als jedes andere Klischee, das Sie kennen.
Seien Sie vorsichtig, Sie können siegen und trotzdem verlieren.

Hier Beispiele:

Ich verstehe den Zusammenhang Ihres Vortrags überhaupt nicht!
... Das glaube ich gerne, wo Ihr Fachgebiet doch ganz woanders liegt.

Und jetzt wichtig: die Gegenfrage, die Ihnen nun den Rücken freihalten wird, und den Einwendenden dazu bringt, sich zu rechtfertigen:

Welchen Teil soll ich Ihnen nochmal erklären?
Was verstehen Sie nicht?

Auch hier nun zwei Standardantworten:

Ihr Einwand ist berechtigt, aber wichtiger ist …
Nicht dieses Detail alleine betrachtet ist wichtig, das Ziel ist vielmehr …

Üben Sie diese Standardantworten:

… können Sie mir einen Tipp geben …
… was genau wollen Sie wissen …
… warum fragen Sie das …

Entschärfer-Frage: Darf ich das wissen?
Diese Frage wird Ihnen helfen, die Gesprächsbereitschaft ihres Gesprächspartners zu steigern. Die Formulierung „Darf ich das wissen?“

birgt eine gewisse Höflichkeit. Darf kommt von dürfen, und steigert enorm die Antwortbereitschaft.

Versuchen Sie es ruhig mal, bitten Sie um etwas und Sie werden kaum ein Nein hören.

Darf ich das wissen?
Darf ich nach diesem Thema fragen?

Die Fragen und Warten Technik

Wenn Ihnen eine Frage gestellt wird, erwartet der Fragesteller auch ein Antwort von Ihnen.

Sie haben noch ein ganz bedeutendes Mittel der Abwehr oder Gegenwehr zur Hand, das ich Ihnen nun präsentieren werde.

Wahrscheinlich erwarten Sie jetzt etwas Besonderes, etwas Großes, etwas Kompliziertes?

Kennen Sie das Sprichwort Reden ist Silber, Schweigen ist Gold?

Bestimmt hat jeder von Ihnen dieses Sprichwort schon gehört.

Aber haben Sie sich jemals Gedanken darüber gemacht, was das bedeutet?

Sie müssen nichts dazulernen, keine komplizierten Schlagfertigkeitstechniken beherrschen.

Sie müssen nur wissen, wann Sie einfach den Mund zu halten haben.

Stellen sie sich zur Übung selbst vor dem Spiegel eine einfache Frage:

Welches Wetter gibt es morgen?

Und nun antworten Sie nicht, sondern atmen drei Mal ein und aus.

Ein und aus.
Ein und aus.
Ein und aus.

Und dann geben Sie Ihre Antwort!

Alles was Sie jetzt sagen, wird ein anderes Gewicht bekommen, als die Aussage, die wie aus der Pistole geschossen kommt.

Haben Sie selbst gemerkt, wie sich durch die Atempause die Spannung aufbaut?

Was wird wohl Ihr Gesprächspartner darüber denken?

Ihr Gesprächspartner wird diese Spannung ebenso bemerken, wie Sie diese Spannung vor dem Spiegel gespürt haben.

Aber die Zeitspanne wirkt anders als bei Ihnen, er wird nervös!

Ihnen ist das nur unangenehm, weil Sie das nicht gewohnt sind.

Aber Ihrem Partner sind die Hände gebunden, er wird nichts zu Ihnen sagen.

Er wird aber wohl das nun von Ihnen Gesagte mit sehr viel Bedacht aufnehmen und dem Inhalt mehr Bedeutung beimessen, da Sie sich die Zeit gelassen haben, darüber nachzudenken.

Ein gutes Beispiel, diese Taktik anzuwenden, ist zum Beispiel in Vorstellungsgesprächen. Denken sie an die Gehaltsfrage!

Natürlich haben Sie nun in diesem Buch gelernt, dass Sie sich auf ein Vorstellungsgespräch vorbereiten. Und dazu gehört natürlich auch, sich auf den Gehaltswunsch vorzubereiten. Machen Sie sich im Vorfeld einen Leitfaden und spielen Sie das Gespräch mit allen möglichen Antworten durch, notieren Sie ihre Fragen und schreiben Sie dazu alle möglichen Antworten auf.

Vor allem die Fragen, die Ihnen unangenehm sind.

Haben Sie keine Angst. Sie sind allein. Sie sind am Üben.

Nutzen sie diese Vorbereitung!

Spielen Sie angenehme und unangenehme Szenarien durch.

Es wird Ihnen helfen, denn bei dem wirklichen Gespräch haben Sie alle Möglichkeiten durchgespielt. Es trifft Sie dann nicht unvorbereitet, denn Sie haben das jetzt schon einmal erlebt

Das macht Sie sicher.

Eine gute Vorbereitung macht Sie sicher!

Beispiel:

Spielen Sie vier mögliche Szenarien schriftlich durch:

Das angenehme …
Das absurde …
Das unangenehme …
Das schreckliche …

Stellen Sie sich in dieser Übung selbst die unangenehmsten Fragen.

Wie zum Beispiel:

Warum sollte ich bei Ihrem lückenhaften Lebenslauf Ihnen diese Position anbieten?

Jetzt sollten Sie nicht erschrecken und in die Defensive gehen, sondern aus Ihrer Selbstpräsentation Ihre Stärken präsentieren und sich nicht aus der Ruhe bringen lassen.

Jedes Gespräch wird für sie angenehmer, da solche absurden Fragen in der Regel nicht gestellt werden.

Sie können aber durch Beantworten der absurdesten Fragen auf andere unangenehme Fragen ruhiger antworten, weil Sie nun auf alle Eventualitäten vorbereitet sind.

Machen Sie sich mit der aktuellen Gesetzeslage vertraut, damit Sie wissen, welche Fragen Sie wahrheitsgemäß beantworten müssen und welche nicht.

Ihr zukünftiger Chef wird ebenfalls bestens auf ein Vorstellungsgespräch vorbereitet sein, da er für das Gehalt, das er Ihnen zahlt, den besten Mitarbeiter für diese Position haben will.

Dazu wird er versuchen, Sie in Stresssituationen zu bringen, um zu sehen, wie Sie mit Druck umgehen können.

Er wird beeindruckt von Ihnen sein, wenn er merkt, dass Sie vorbereitet sind.

Also denken Sie daran: mit einer guten Vorbereitung ist schon das halbe Vorstellungsgespräch gewonnen.

Eine gute Vorbereitung wird Ihr Gesprächspartner spüren.

Kommen wir nun zurück zu der Gehaltsfrage.

Atmen sie ein und aus, ein und aus, ein und aus.

Jetzt sind Sie sich sicher und sagen selbstbewusst Ihren Gehaltswunsch.

Auf Ihrem Wunsch liegt nun mehr Gewicht, weil Sie die Spannung aufgebaut haben, Zeit hatten, Ihre Gedanken zu sammeln und dann selbstbewusst Ihre Aussage zu machen.

Und seien Sie nicht unvorbereitet, in jedem Personalgespräch geht es irgendwann ums Geld.

Das ist das, was Sie dem Unternehmen wert sind. Deshalb bereiten Sie sich vor und erwarten Sie nicht einen Vorschlag von Ihrem zukünftigen Arbeitgeber.

Sie sollten, wenn Sie in das Gespräch gehen, vorbereitet sein und wissen, was Sie sich selbst wert sind.

Einer der häufigsten Fehler in diesem Zusammenhang ist, auf die Frage nach Ihrem Gehaltswunsch zu sagen:

Ich weiß nicht, machen Sie einen Vorschlag!
Keine Ahnung, was zahlen Sie denn so?

Denken Sie daran, Ihr Arbeitgeber will Sie so billig wie möglich einkaufen, und Sie wollen sich so teuer wie möglich verkaufen!

Verkaufen Sie sich so teuer wie möglich.

Diese Differenz gilt es zu überbrücken

Fragen Sie sich vorher:
Was bin ich mir wert? Was ist ein marktüblicher Preis?

Ihre Ängste

Haben Sie schon mal darüber nachgedacht, was Sie dazu veranlasst, Dinge zu tun oder Dinge nicht zu tun?

Es sind Erfahrungen, gute Erfahrungen und schlechte Erfahrungen, und am allerschlimmsten: es sind Vermutungen.

Eine Vermutung ist, dass eine bestimmte Handlung Ihrerseits ein bestimmtes Ergebnis herbeiführt.

Das sind Ihre eigenen Ängste, die in Ihnen tief verankert sind.
Sie haben erfahren, dass es ein schönes Gefühl ist, wenn Ihre Mutter Sie in den Arm nimmt.
Sie haben erfahren, dass es weh tut, wenn Sie mit dem Fahrrad stürzen.

Aber was ist mit Ihren Vermutungen?

Sie können nicht bestimmen, wie das Ergebnis sich anfühlt, weil Sie es nicht erfahren haben ... Deshalb sollten Sie auch lernen, sich in diesem Punkt zu behaupten. Lernen Sie Ihre Ängste zu überwinden und machen Sie neue positive Erfahrungen.

Erinnern Sie sich, wie Sie früher in Ihrem Leben Ängste überwunden haben. Was war das für Sie:

War es der erste Sprung ins tiefe Becken des Schwimmbades?
Das erste Mal, dass Sie einen Ring vom Boden des Schwimmbeckens holen sollten?
Oder war es das erste Vorstellungsgespräch bei Ihrem Arbeitgeber?
Oder vielleicht den Mut zu finden, Ihren Lebenspartner das erste Mal anzusprechen?

Was auch immer es war, Sie haben Ihre Angst überwunden und haben es getan.

Egal wie das Ergebnis war. Wichtig ist, Sie haben es getan, Sie haben sich getraut, etwas Neues, etwas anderes zu tun, was Sie bis dahin noch nie getan haben.

Also was will Sie heute daran hindern, wieder diese Barriere zu überwinden und wieder was zu tun, was Sie vorher noch nie getan haben? Was hindert Sie?

Ich nenne das die IPE Methode!

Noch nie davon gehört? Das glaube ich Ihnen denn die IPE Methode ist nichts anderes als die: „Ich probier‘s einfach“-Methode. Kurz IPE.

Haben Sie keine Angst: es wird Ihnen nichts passieren.

Mit der IPE Methode werden Sie neue Verhaltensmuster an Ihren Mitmenschen erkennen, Sie werden Ihre Umwelt verblüffen, Sie werden ein neuer Mensch sein.

Ich probier's einfach.

Viele der in diesem Buch vorgestellten Techniken lassen sich mit der IPE Methode hervorragend lernen und üben.

Versuchen Sie es mit einfachen Situationen und steigern Sie sich. Es wird funktionieren. Ihre Anerkennung bei Ihren Mitmenschen wird steigen.

Und ich bin mir sicher, es wird niemand ein negatives Wort über Ihre neue Art Mensch zu sein verlieren.

Körpersprache und Spiegeltechnik

Körpersprache wird Ihr Weg sein, sich selbst und andere besser zu verstehen.

Sie sollen sich und Ihre Mitmenschen besser begreifen, und dazu gehört, dass Sie die Sprache Ihres eigenen Körpers verstehen, dann werden Sie ein bisschen menschlicher.

Fangen Sie an mit einem Lächeln, das ist ein freundliches Signal.

Für Menschen gibt es immer zwei Kommunikationsebenen.

Die eine ist verbal:

Den Inhalt einer Information vermitteln wir durch das gesprochene Wort.

Die zweite Ebene ist nonverbal:

Die Körpersprache, die durch bestimmte Signale erkennbar ist, und unserem Körperverhalten. Oft bleibt eine wichtige zusätzliche Information unausgesprochen, die durch Ergänzen der nonverbalen Signale ausgelöst wird.

Zum Beispiel der Blick:

Die Wahrnehmung Ihres Gesprächspartners wird immer durch einen ersten Blickkontakt ausgelöst.

Blicke geben Signale, ob Konfrontation oder unter Verzicht auf diese Auseinandersetzung eine Beziehung zueinander entstehen soll. Dieses Ritual vollzieht sich immer aufs Neue, wenn zwei Personen sich begegnen.

Der kurze Blickwechsel signalisiert: Ich habe dich wahrgenommen.

Für die Dauer des direkten Anblickens gibt es in jedem Kulturkreis Regeln, doch sind sie immer anders.

Benehme ich mich da nun wirklich angenehm oder löse ich doch durch mein Verhalten Aggressivität aus? Weil wir unser gewohntes Verhalten nicht bewusst registrieren, nehmen wir diese Rückkopplung meistens nicht wahr.

Wir sagen: Das ist der Andere, er verhält sich so. Und erkennen nicht, dass die Ursache bei uns liegt.

Ich drücke mich durch die Sprache meines Körpers aus.

Nehmen wir als Beispiel unseren Ausdruck der Augen, der zustande kommt durch die Bewegung der Muskeln um die Augenpartie und der Augen, durch die Intensität des Blicks und den Glanz der Augen, durch die Größe der Pupillen und durch die Anspannung der Gesichtsmuskeln.

Die Muskulatur des Gesichtes ist von großer Beweglichkeit und umfasst eine breite Palette von Gefühlsäußerungen.

Rapport lässt sich am besten herstellen, wenn Sie die Physiologie einer Person kennen. Das lässt sich einfach herstellen, indem Sie diese Person spiegeln. Versuchen Sie Rapport durch Gespräch und Physiologie herzustellen.

Worte wirken auf das Bewusstsein, Physiologie auf das Unterbewusstsein.

Das Gehirn registriert: dieser Mensch ist wie ich.

Sobald dies geschieht, entsteht eine sehr starke Verbindung.

Aber wie lässt sich Physiologie spiegeln?

Welche Aspekte eines Körperausdrucks können Sie überhaupt spiegeln?

Beginnen Sie mit der Stimme. Spiegeln Sie die Tonlage, die Phrasierung, die Stimmlage, die Sprechgeschwindigkeit, die Art der Unterbrechung und die Lautstärke.

Wiederholen Sie Lieblingswörter, Atemrhythmik und den Gesichtsausdruck beim Sprechen.

Denken Sie an Gestik: wie steht Ihnen Ihr Gesprächspartner gegenüber, Armhaltung Beinposition, ruhig oder aufbrausend.

Nehmen Sie diese Muster auf, der Gesprächspartner wird sich in Ihnen wiederfinden und Konsens zwischen Ihnen herstellen.

Greifen Sie an dieser Stelle die Ihnen aus diesem Buch bekannten Kommunikationsmuster auf.

Was für eine Art Mensch sitzt Ihnen gegenüber? Der visuelle, der auditive oder der kinästhetische Mensch?

Der visuelle Mensch verwendet Sätze wie: „das sieht gut aus", „kann ich mir vorstellen", er spricht in der Regel schnell, um seine Bilder im Kopf in Worte fassen zu können.

Der auditive Mensch bevorzugt dagegen Sätze wie: „das hört sich gut an", „das klingt vertraut". Die Sprache ist modelliert, das Sprachtempo ausgewogen.

Kinästhetische Menschen sprechen langsam, mit viel Körperbewegung.

Menschen, die einen guten Rapport zueinander haben, spiegeln sich automatisch!

Auch in der Gesprächsführung ist es wichtig zu beachten, dass Worte eine starke Macht ausüben. Denken Sie daran, dass bestimmte Redewendungen oder Formulierungen Widerstand erzeugen. Andere Formulierungen dagegen können Zustimmung erzeugen.

Denken Sie mal an das Wort ABER. Dieses Wort kann alles vorher Gesagte in ein negatives Bild rücken.

Beispiele:

Was Sie sagen ist wahr, ABER ich sehe das ganz anders.

Das Kleid steht dir gut, ABER die Farbe passt nicht zu deinen Haaren.

Durch das Wort ABER steht nun die ganze Aussage reduziert auf das, was nach dem ABER steht. Als Aussage bleibt in der Regel das hängen, was nach dem ABER kommt.

Als Lösungsvorschlag biete ich ihnen die Alternative UND an.

Vergleichen Sie die beiden folgenden Sätze, die sich nur durch Ersetzen des Wortes ABER durch UND unterscheiden:

Das ist eine gute Idee, **aber** es gibt noch andere Möglichkeiten.

Das ist eine gute Idee, **und** es gibt noch andere Möglichkeiten.

Durch das UND wird jetzt die positive Wirkung der Grundaussage unterstützt und verstärkt. Sie beginnen mit einer Zustimmung. Anstatt Widerstand zu erzeugen, haben Sie nun einen Weg eröffnet, um eine neue Richtung einzuschlagen.

Das sehe ich ein, und …
Das respektiere ich, und…
Das finde ich auch, und…

Dieses Prinzip lässt sich immer anwenden, egal was der Andere sagt. Sie können immer etwas finden, was Sie bejahen, akzeptieren, respektieren können.

Man kann Sie nicht bekämpfen, weil Sie nicht kämpfen wollen.

Gegen Zuspruch lässt sich schlecht etwas einwenden. UND ist Ihr Unterstützerwort.

Viele Menschen wissen, wie schwierig es ist, jemanden von etwas zu überzeugen, was er selbst nicht will. Es ist jedoch einfach, eine Zustimmung zu bekommen zu etwas, was man selbst will. Genau das werden Sie erreichen, wenn Sie einen Zustimmungsrahmen schaffen, indem Sie Zustimmung anstatt Konflikt erzeugen.

Musterunterbrechung

Ein gelungenes Mittel, um Zustimmung zu erzielen, ist die Musterunterbrechung:

Lernen Sie einen Streit zu vermeiden, bevor er beginnt.

Kein Mensch ist frei von Werten und von Wertigkeiten.

Was Sie selbst erlebt haben, ist oft schon die Antwort auf Ihr unbewusstes Verhalten.

Zustimmung überzeugt mehr als Widerspruch, und mit Flexibilität verändern Sie die Verhaltensmuster Ihrer Gesprächspartner.

Denken Sie an folgendes Beispiel: Sie haben die Musik am späten Abend mit Gästen etwas lauter aufgeht, und Ihr Nachbar klingelt an der Tür und beschwert sich über die laute Musik.

Das kann auch eine Beschwerde über ein falsch geparktes Auto sein, eine Mülltonne, welche die Einfahrt des Nachbarn versperrt.

Es gilt generell für alle Beschwerden. Also eine beliebige Situation.

Sie können nun zum Gegenangriff übergehen und zurück pfeifen, was wahrscheinlich zur Folge hat, dass das nächste Klingelzeichen die Polizei ankündigt.

Oder Sie setzen eine Musterunterbrechung ein. Ihr Nachbar erwartet wahrscheinlich genau die übliche Reaktion von Ihnen und ist bereits in Kampfbereitschaft.

Tun Sie nun etwas Unerwartetes …

Loben sie Ihren Nachbarn … geben Sie Ihren Fehler zu, oder machen Sie ein Angebot zur Versöhnung.

Nehmen Sie folgendes Beispiel als Basis und konstruieren Sie auf dieser Erkenntnis eigene Musterunterbrechungen, die Sie schon mal erlebt haben. Beispielantworten bezogen auf das genannte Beispiel:

… Vielen Dank, dass Sie sich die Mühe gemacht haben, um mir mitzuteilen, dass die Musik zu laut ist, und Sie nicht gleich die Polizei gerufen haben …

… Ich verspreche Ihnen, zukünftig die Musik früher leise zu machen, darf ich Ihnen als Wiedergutmachung noch ein Glas Wein anbieten …

Oder im Vorfeld:

... Guten Tag, ich erwarte heute Abend Besuch. Kann ich am Nachmittag gemeinsam mit Ihnen die Musiklautstärke testen, damit Sie heute Abend nicht gestört werden?

In der Regel sind Nachbarn viel kulanter, wenn sie vorher informiert werden. Denn Sie wissen dann, dass Ihre Party nicht zum Dauerzustand wird und die Bereitschaft, kurzfristig auch einen etwas höheren Lärmpegel zu ertragen, steigt enorm.

Deshalb ist es unabdingbar, Verhaltensmuster seiner Gesprächspartner zu erkennen und die entsprechenden Strategien anzuwenden.

Den gleichen Effekt kennt man auch aus Gesprächen und Besprechungen, in denen Situationen schwierig werden und Standpunkte sich verhärten.

Eine ablenkende Frage, das Angebot eines Snacks oder Getränke, der Hinweis auf eine ansprechende Bürogestaltung genügen oft schon, um eine Veränderung der Situation hervorzurufen. Durch spontane Unterbrechungen oder geplante Pausen verfolgt man den gleichen Zweck: ein Thema neu anzugehen. Die Unterbrechung verändert die Situation.

Der gleiche Sinnesreiz hat für verschiedene Menschen verschiedene Bedeutungen.

Denken Sie an Schritte. Schritte auf einer belebten Straße werden Sie aller Wahrscheinlichkeit nach gar nicht wahrnehmen.

Doch wenn Sie nachts alleine zuhause sind und Schritte hören, dann hat dieses Geräusch eine andere Bedeutung für Sie.

Ihre frühere Erfahrung schafft den Kontext dafür, wie Sie diese Geräusche wahrnehmen, Sie bleiben entspannt oder Sie fürchten sich.

Vielleicht wissen Sie, dass Ihr Partner nach Hause kommt und verbinden nun dieses Geräusch mit Freude und Wohlfühlen.

Menschen, die jedoch schon mal einen Einbruch erlebt haben, werden mit dieser Wahrnehmung wohl kaum ein schönes Gefühl verbinden.

Deshalb lernen Sie, diese Erfahrungen oder Verhaltensmuster abzulegen und in einen nützlichen Rahmen zu stellen.

Wir sehen die Welt nicht so, wie sie ist.
Was sehen Sie auf Ihrem inneren Bild?
Was sehen Sie, wenn wir die Sichtweise verändern?

Denken Sie doch einmal an den größten Fehler, der Ihnen jemals unterlaufen ist.

Vielleicht sind Sie deshalb immer noch betrübt, aber es könnte doch durchaus sein, dass dieser Fehler Teil einer Erfahrung ist, die Ihnen letztendlich mehr Vorteile als Nachteile gebracht hat. Wenn Sie dann in Ruhe über diesen Fehler nachdenken, werden Sie erkennen, dass Sie aus diesem Fehler mehr gelernt haben, als aus vielen anderen Erfahrungen, die nicht so negativ waren.

Wenn Sie Ihre Sichtweise ändern, ändert sich auch die Einstellung zu diesem Ereignis, und Sie werden sich nicht mehr darüber ärgern.

Ihre wichtige Erfahrung in diesem Zusammenhang sollte sein, dass Sie lernen, die Kontrolle zu übernehmen, Kontrolle über diese Ereignisse, Kontrolle über Ihr Leben.

Mit „Reframing“ (englisch für „Umdeutung“) lösen Sie diese Probleme auf.

Benutzen Sie hierzu die Techniken, die ich schon in diesem Buch vorgestellt habe.

Verändern Sie Ihre Bilder im Kopf, ändern Sie Ihren Blickwinkel auf diese Situationen.

Lassen Sie Ihren Film im Kopf ablaufen und verändern Sie Farbe, Kontrast, Lautstärke, Geschwindigkeit. Üben Sie diese Technik bei Dingen und Situationen, die Sie stören und die Sie ändern wollen.

Oft nimmt ein negatives Erlebnis einen Teil unserer Erinnerung im Kopf fest ein. Eine besondere Situation, ein Schlüsselwort genügt und dieses Ereignis ist in Ihnen so präsent, als wenn es gerade erst geschehen wäre.

Deshalb müssen Sie diesem fest in Stein gemeißelten Bild in Ihrem Kopf die Wirkung nehmen.

Machen Sie das Ereignis klein, vielleicht schwarz-weiß, dunkel, bis Sie nichts mehr erkennen, drehen Sie wie bei einem Fernseher jetzt den Ton weg, und schieben Sie das Bild in die Ferne, bis Sie es kaum noch erkennen können.

Wiederholen Sie diese Techniken, und innerhalb kurzer Zeit wird dieses Ereignis keinen Platz mehr in Ihrem Leben einnehmen. Der Schrecken verliert sich.

Wie oft haben Sie schon gesagt: irgendwann werde ich darüber lachen?

Jeder hat das wahrscheinlich schon mal gesagt. Aber warum irgendwann? Lachen Sie jetzt darüber. Bestimmen Sie selbst, dass jetzt der richtige Zeitpunkt ist.

Es ist alles eine Frage der Perspektive.

Der Anker

Wir allen kennen Menschen, die Ereignisse negativ „reframen“, ist der Himmel noch so blau und scheint die Sonne noch so hell, sie finden immer eine dunkle Wolke, die ihnen Kopfzerbrechen bereitet. Um schnell in den gewünschten Zustand zu gelangen, müssen Sie lernen, mit Ankern zu arbeiten.

Eine Gestik kann Gefühle erzeugen oder verdrängen. Und sie wirkt auf die Reize, noch bevor wir uns dessen bewusst sind.

Einen Anker kennen sie von Schiffen. Er gibt ihnen Halt und hält sie in der gewünschten Position. Ein Anker in unserem Sinne ist ein Reiz, der uns schnellen Zugang zu unseren stärksten Ressourcen verschafft. Dabei ist ein Anker immer mit einem bestimmten Reiz bzw. mit einem bestimmten Zustand verbunden.

Jeder von uns reagiert täglich mehrmals unbewusst auf Anker, die ganz bestimmte Reaktionen in uns auslösen.

Aber wie erzeugen Sie nun einen Anker, der Ihren gewünschten Zustand auslöst?

Um einen wirksamen Anker zu erzeugen, müssen Sie sich in einem völlig assoziierten Zustand zwischen Geist und Körper befinden.

1. Sie müssen den Reiz auf den Höhepunkt des betreffenden Ankers setzen.
2. Wählen Sie einen unverwechselbaren Reiz.
3. Wiederholen Sie jedes Mal genau denselben Anker.

Der Reiz ist eine bestimmte Handlung, der Sie erinnert. Eine Berührung am Arm, ein Zusammendrücken der Hände, ein Händeklatschen, einen Stein in der Hosentasche berühren, irgendeine Handlung, die Sie mit einem Gefühl verbinden.

Wie in der Schule, wenn Sie etwas lernen wollen, ist der Lerneffekt höher, wenn Sie das zu Lernende lesen und niederschreiben. Sie denken nicht nur, Sie führen etwas aus. Und so funktioniert der Reiz bei einem selbst gesetzten Anker.

Der Reiz und das Gefühl oder die Erinnerung versetzt Sie in die Lage, Grenzenloses zu erreichen.

Probieren Sie das aus.

Wenn Sie immer nur das tun, was Sie immer getan haben, werden Sie auch immer nur das bekommen, was Sie immer bekommen haben.

Haben Sie schon mal erlebt, dass Sie ganz plötzlich niedergeschlagen waren und wussten nicht warum? Auch das lässt sich durch Anker erklären.

Anker wirken, ohne dass wir uns dessen bewusst sind.

Vielleicht war der Auslöser eine bestimmte Person, ein bestimmter Geruch, ein besonderer Geschmack, der Sie unbewusst an etwas erinnert hat, was bei Ihnen diesen Anker aktiviert und als Folge dieses Gefühl der Niedergeschlagenheit ausgelöst hat. Deshalb sollten Sie lernen, solche negativen Anker durch Gegenanker entgegenzuwirken. Lernen Sie gleichzeitig, entgegengesetzte Anker einzusetzen. Ankern Sie sich Ihr stärkstes Gefühl, Ihr ressourcenhaftestes Gefühl an diese Stelle.

Versuchen Sie, den Tag positiv mit einem Anker zu beginnen.

Die fünf Schlüssel zu Reichtum und Glück

Das Leben gewährt Ihnen genau das, was Sie von ihm verlangen. Denken Sie an das Beispiel im Buch.

Wenn Sie mehr Geld von Ihrem Arbeitgeber wollen und dieser gibt Ihnen 1 Euro, damit hat sich Ihr Wunsch erfüllt!

Sie wollten mehr Geld und haben das bekommen!

Wünschen Sie sich Ruhe und Zufriedenheit, dann werden Sie auch Ruhe und Zufriedenheit bekommen.

1. Der erste Schlüssel zu Reichtum und Glück ist der, zu lernen mit Frustration umzugehen.

Das Schlimmste, was eine negative Einstellung bewirken kann, ist dass die Selbstdisziplin verlorengeht. Wenn Sie Ihre Selbstdisziplin verlieren, gehen auch Ihre Ziele verloren.

Wenn Sie sich Erfolge anderer Menschen ansehen, werden Sie erfahren, dass bei jedem Erfolg auch Frustration im Spiel war.

2. Lernen Sie mit Ablehnung umzugehen.

Kein Wort hat einen so spitzen Stachel wie ein klares NEIN.

Für viele Menschen unserer Kultur stellt der Umgang mit dem Wort NEIN eine enorme Schwierigkeit dar. Lernen Sie, nein zu sagen. Sie werden keinen Widerspruch erfahren, dass Ihr Gesprächspartner Ihre Absage akzeptiert, auch wenn er diese Antwort nicht von Ihnen erwartet, weil Sie das noch nie getan haben. Aber Sie müssen es versuchen. Ihnen wird nichts passieren. Im Gegenteil: Sie werden sich Freiräume verschaffen, an die Sie vorher nie geglaubt haben.

Wie oft haben Sie schon JA zu etwas gesagt, obwohl Sie es nicht wollten, weil Sie überrumpelt wurden und sich nicht trauten, zurückzurudern und NEIN zu sagen?

Wenn es Ihnen nicht passt, sagen Sie nachträglich NEIN.

Es ist Ihre Zeit.

Der, der Sie überrumpelt, ist vorbereitet auf das, was er von Ihnen will, Sie nicht. Sie sind unvorbereitet, wehren Sie sich. Sagen Sie, dass Sie Zeit für die Antwort brauchen, um Ihre anderen Termine zu koordinieren.

Sie schaffen sich damit die Zeit, die Sie brauchen, um Ihre Entscheidung zu treffen.

Lassen Sie nicht zu, dass ein Anderer über Ihre Zeit bestimmt.

Sagen Sie, du hast mich mit deiner Frage überrumpelt, ich möchte das nicht, such dir einen anderen. Oder wenn Sie entschärfen wollen, sagen Sie: ich habe einen anderen Termin.

Es ist Ihre Zeit. Bestimmen Sie auch, wie und womit Sie Ihre Zeit verbringen.

Besser, Sie sagen zu sich: „wieder etwas dazugelernt“, anstatt zu sagen „ich habe das noch nie versucht“. Sagen sie nein, wenn Ihnen danach ist. Es ist Ihr Leben, Sie sind dafür verantwortlich, wie Sie Ihr Leben gestalten, deshalb antworten Sie nicht vorschnell. Überlegen Sie, was Sie antworten, gegebenenfalls sagen Sie, dass Sie zurückrufen, da im Moment die Situation für eine direkte Antwort nicht optimal ist.

Durch das Verschieben der Antwort schaffen Sie sich schon mal den Freiraum, gründlich über die Frage nachzudenken, eventuell sprechen Sie mit Ihrem Partner oder einer anderen Person darüber und erst, wenn Sie wissen, was SIE wollen, geben Sie die für Sie nun richtige Antwort. Und lassen Sie sich nicht beirren von Menschen, die sagen, Sie seien nicht in der Lage, spontan eine Antwort zu geben. Denken Sie bei solchen Angriffen an Ihre Schlagfertigkeit. Üben Sie hier mit Standardantworten, um schnell schlagfertig Angriffe abzuwehren.

Diese Menschen gehen vor wie bei einem Überfall. Sie überfahren (überraschen) Sie mit einer Aussage oder einer Frage, auf die sie sich vorbereitet haben (er hat sich schon im Vorfeld überlegt, was er Sie fragen will). Sie aber sind total unvorbereitet und können keine richtige Antwort finden. Erfolgreiche Menschen entscheiden auch nicht aus dem Bauch, sie bereiten sich akribisch auf ihr Vorhaben vor und treffen im richtigen Moment die für sie richtige Entscheidung. Deshalb nehmen Sie sich Zeit für Ihre Antwort. Treffen Sie die richtige Entscheidung.

3. Lernen Sie, mit finanziellem Druck umzugehen

Wann beginnen Sie, 10% Ihres Einkommens auszugeben. Wenn Sie berühmt sind? Wenn Sie erfolgreich sind? Gerade jetzt sollten Sie lernen, auch Geld auszugeben. Es wird wie ein Samenkorn sein:

Wer sät, der erntet!

4. Lernen Sie, Bequemlichkeit zu vermeiden

Bequemlichkeit kann eine der verhängnisvollsten Zustände sein. Erfolg ist harte Arbeit. Notieren Sie Ihre Ziele, schreiben Sie Ihr Drehbuch und leben Sie danach. Schreiben Sie es um, ergänzen Sie es, streichen Sie Passagen, aber lassen Sie es am Leben. Bleiben Sie in Bewegung. Setzen Sie sich dynamisch weiterführende Ziele. Vergeuden Sie nicht Ihre Zeit mit Kaffeekränzchen über das Leben und die Gewohnheiten anderer Menschen. Alles das lenkt Sie von Ihrem Ziel, IHR Leben zu entwickeln, ab. Sie wollen Ihr Leben weiterentwickeln und sich nicht mit dem Leben der Anderen die Zeit vertreiben.

Erfolg ist harte Arbeit.

5. Der letzte Schlüssel: Geben Sie immer mehr, als Sie zurück erwarten.

Wenn Sie anfangen, Strichlisten zu führen, ist es vorbei. Leben Sie nicht nach dem Motto „ich habe dir gegeben und erwarte jetzt das von dir zurück“. Damit ist das Spiel zu Ende und man steht bald ganz alleine da.

Wer gibt, dem wird gegeben.

Seien Sie spendabel, dabei muss es nicht in materieller Form passieren. Sie können viele andere Dinge geben, die nicht materieller Form sind.

Geben Sie Hilfe …
Geben Sie Gefühle …
Geben Sie Liebe …
Geben Sie Verständnis …

All das kostet kein Geld, aber Sie können etwas von Ihrer Erfahrung weitergeben und ich sage Ihnen, es wird etwas zurückkommen.

Das Leben ist schön

Es gibt zwei Dinge im Leben, die wichtig sind:

Erstens, das zu bekommen, was man will
und
zweitens sich daran zu erfreuen.

Unsere Lebensqualität hängt vor allem davon ab, wie wir unser Leben verbringen.

Leben wir in eingefahrenen Mustern oder versuchen wir beständig, die Einzigartigkeit unseres Lebens zu verwirklichen. Sie beeinflussen die internale Repräsentation und bestimmen dadurch Ihre Zustände und dadurch Ihr Leben.

Ihr gegenwärtiges Leben spiegelt Ihre vergangenen Gedanken wider.

Wissen Sie, wie Radiowellen wirken? Sie senden eine Frequenz und diese wird empfangen.

Und nun stellen Sie sich vor, Ihre Gedanken haben auch eine Frequenz. Wenn Sie nun gewisse Gedanken senden, senden Sie immer diese Frequenz (diesen Wunsch) aus.

Gedanken haben eine Frequenz und sind magnetisch. Während Sie denken, senden Sie Nachrichten aus, die magnetisch Gegenstände derselben Wellenlänge anziehen.

Bewusstsein entsteht im Kopf.
Wirklichkeit beginnt mit Gedanken.

Verstehen Sie, wie ein Fernsehturm funktioniert? Nein? Das macht nichts, Sie wissen aber, er sendet etwas aus und empfängt etwas. Und

Sie werden etwas empfangen, wenn Sie die richtige Frequenz eingestellt haben! Sie sind ein menschlicher Fernsehturm.

Wissen Sie, wie Gedanken Krankheiten beeinflussen können?

Der menschliche Geist selbst ist der größte Heilungsfaktor, den wir kennen, denken Sie an den Placebo-Effekt, bei dem Patienten Medikamente bekommen, die keine Wirkstoffe enthalten, und trotzdem genesen diese Menschen.

Sie glauben nicht an Selbstheilung?

Jeder von Ihnen hat sich schon mal in den Finger geschnitten. Was passiert damit? Die Wunde heilt!

Was ist denn das? Sie heilt von allein. Ihr Körper heilt sich selbst! Da haben wir die Selbstheilung, die jeder von uns schon am eigenen Körper erlebt hat, aber trotzdem nicht akzeptieren will.

Ihre Körperzellen erneuern sich selbst, lassen Sie gesunde Zellen nachwachsen, denken Sie an das Beispiel der Schnittwunde, da funktioniert es. Richten Sie ihre Aufmerksamkeit nicht auf Krankheit, sondern richten Sie Ihre Aufmerksamkeit auf einen gesunden Körper, auf Gesundheit im Allgemeinen.

Es geht Ihnen GUT.

Schlusswort

Alles, was ich in diesem Buch geschrieben habe, ist nur so gut, wie Sie bereit sind, es anzuwenden.

Ich habe immer wieder geschrieben, dass Sie mit dem Buch arbeiten sollen.

Einmal lesen reicht nicht aus, um das umzusetzen, was ich zu vermitteln versuche.

Jetzt haben Sie den Grundstein für Ihre Verwandlung gelegt, und jetzt müssen Sie das Fundament schaffen und danach so viele Etagen aufbauen, wie Sie selbst möchten.

Ihre Arbeit beginnt jetzt! Beginnen Sie mit dem Thema, das Ihnen gerade wichtig ist. Egal auf welcher Seite im Buch. Es ist unwesentlich, mit welchem Thema Sie anfangen. Aber tun Sie es, und tun Sie es jetzt.

Sie werden schnell den Erfolg bemerken, wenn Sie mit einem Thema anfangen, das Ihnen liegt. Sie werden mit jedem Thema kreativer und Sie werden immer mehr Situationen im Alltag bemerken, in denen Sie dieses Wissen anwenden können.

Sagen Sie zu sich selbst:

Ich bin zum Handeln bereit.

Autorenprofil

Markus Keßler, geboren am 30.05.1970, ist nach einer technischen Ausbildung im Metallhandwerk seit 1995 in Vertrieb, Marketing und Management tätig. Ein berufsbegleitendes Studium der Betriebswirtschaftslehre und die in dieser Zeit erlernten Techniken sowie die Ausbildung und Weiterbildung im persönlichen Bereich waren der Auslöser, ein Buch zu schreiben.

„Weil immer nur der geschäftliche Vorteil im Vordergrund steht,“ entwickelte sich bei Markus Keßler die Motivation, den Schwerpunkt zu verlagern: „Die Persönlichkeitsentwicklung steht in vielen Bereichen nicht im Vordergrund, man ist ja gut, so wie man ist.“ Mit seinem Buch spricht der Autor Menschen an, die ihr persönliches Stärken-Potenzial entfalten wollen.

Aus dem Verlagsprogramm

www.loewenstern-verlag.de

Hans-Peter Schwenger /
Dr. Barbara Wieland
Bethmännchen – Genuss mit Tradition

Hier finden Sie das Ergebnis jahrelanger Erfahrung des Bäckermeisters Hans-Peter Schwenger mit der Herstellung von Bethmännchen und zeigt Ihnen die Version, die in Frankfurt am Main seit Jahrhunderten Tradition hat.
Übrigens: Wussten Sie, was die Alten Ägypter und Hildegard von Bingen mit unserem Weihnachtsgebäck zu tun haben?

Print-Ausgabe:	17,95 Euro
Apple iBooks:	9,99 Euro
Amazon Kindle:	8,49 Euro

Raphaela Wettach /
Renate Wettach
Die Königin und die Spinne

Dieses Buch unterscheidet sich von „normalen“ Kinderbüchern (für 4- bis 8-Jährige) dadurch, dass sich auch die Erwachsenen beim Vorlesen nicht langweilen. Dieses Buch hat das Potenzial, Ihr Lieblings-Vorlesebuch zu werden!

Print-Ausgabe:	11,95 Euro
Apple iBooks:	4,99 Euro

Aus dem Verlagsprogramm

www.loewenstern-verlag.de

Dr. Peter Brinnel

Diktatur der Spekulanten – Wie durch Profitsucht aus Recht ein Unrechtssystem wird

Lesen Sie, wie ganze Volkswirtschaften von wenigen Spekulanten zur Kasse gebeten werden. Die Umverteilung der Vermögenswerte als lukratives Geschäftsmodell hat bereits begonnen!

Apple iBooks: 8,99 Euro
Amazon Kindle: 7,97 Euro

Dr. Peter Brinnel

Kapital ist mehr als Ziffern und Geld – Wie das wertvollste Kapital in der Bilanz dargestellt wird

Wie lassen sich die Tätigkeiten der Mitarbeiter, die oft als das wertvollste Kapital eines Unternehmens bezeichnet werden, als Aktivposten in der Bilanz abbilden?

Apple iBooks: 3,99 Euro
Amazon: 3,63 Euro

Aus dem Verlagsprogramm

www.loewenstern-verlag.de

Caroline Steiner
am Ende. beginnen

Caroline Steiners vermeintlich sichere Existenz wurde durch einen Schicksalsschlag von einem auf den anderen Tag zerstört. Unter zermürbenden Anstrengungen gelang es ihr, das eigene Leben und das ihrer drei Kinder aus der Katastrophe herauszuführen.

ePUB-Ausgabe 9,90 Euro
Print-Ausgabe in Vorbereitung

Hans Lipp
Wegbegleiter
Jakobs-Pilgerweg Wonnegau

Detaillierte Wegbeschreibung des Pilgerweges von Dittelsheim-Heßloch nach Worms (Rheinland-Pfalz/Saarland) genaue Karten der einzelnen Wegabschnitte informative Texte zu Landschaft, Geschichte, Architektur, Menschen und Gemeinden der Region.

Print-Ausgabe 6,50 Euro

Aus dem Verlagsprogramm

www.loewenstern-verlag.de

Renate Wettach

Mobbing –
Selbsthilfe in schwierigen Situationen

Betroffene finden in diesem Buch Orientierung und Hilfestellung, damit sie nicht im Gefühlschaos versinken. Jeder kann es lernen, sich „am eigenen Schopf“ aus dem „Sumpf“ zu ziehen!

ePUB-Ausgabe: 12,00 Euro
Print-Ausgabe: 24,99 Euro

Torben Zahradnicky (Hrsg.)

Main Europa
Prämierte Beiträge des Wettbewerbs „Hanau schreibt ein Buch“

Kurzgeschichten über die Gegenwart und Zukunft der EU, Gedichte über Krieg und Frieden und das kulturelle Europa. Erfahrungsberichte von dem Traum „Europa“ nach dem zweiten Weltkrieg sowie nach einer Flucht.

ePUB-Ausgabe: 10,00 Euro
Print-Ausgabe: 15,00 Euro

Hinweis:
Der „LöwenStern Verlag“ hieß vor 2018 „Pilgerwege Verlag“.